Mühelose MENÜS

Dagmar v. Cramm

Mühelose MENÜS

Perfekte Planung

Einfache Zubereitung

Sicheres Gelingen

Weltbild

Rezepte mit Pfiff

Inhaltsverzeichnis

Inhalt

Vorwort

MÜHELOS? NUN – DAS KOMMT DARAUF AN.

Gäste zu bewirten, mit Freunden rund um einen Tisch zu sitzen, gemeinsam zu genießen, das macht einfach Spaß. Und natürlich braucht die Vorbereitung Zeit. Denn wahrscheinlich haben Sie – wie ich leider auch – kein Tischleindeckdich.

Doch der Einkauf, das Kochen und Tischdecken sollte nicht nur Arbeit machen, sondern schon die Vorfreude erhöhen. Das geht natürlich nicht, wenn Sie Meilen für einen Halm Zitronengras laufen. Oder stundenlang den Braten begießen und Crêpes Suzette backen, bevor die Gäste kommen. Nein, meine Vorstellung von glücklichen Gastgebern ist anders: Aus schlichten Zutaten der Saison durch raffinierte Kombination etwas Besonderes kochen. Rechtzeitig alles Nötige besorgen und vorbereiten. Den Tisch dekorativ decken und den richtigen Wein kühlen. Und dann ganz entspannt nach Duschen und Ruhepause die lieben Gäste begrüßen. Vielleicht mit einem Aperitiv, sicher aber mit guter Laune!

Das klingt einfach, erfordert aber Nachdenken, Planen, Ausprobieren und Listen schreiben.

Das möchte ich Ihnen abnehmen: Für die Zeitschrift „Rezepte mit Pfiff" habe ich eine Serie gestaltet, in der jeden Monat ein müheloses Menü vorgestellt wird. Die ersten zwölf Menüs dieser Serie finden Sie in diesem Buch. Wer mehr möchte, muss sich das aktuelle Heft besorgen.

Viel Vergnügen mit diesem Buch und Ihren Gästen wünsche ich Ihnen!

Ihre Dagmar v. Cramm

Geniessen mit Mass

Sie möchten sich gesund ernähren? Und trotzdem auf Genuss nicht verzichten? Kein Problem! Im Gegenteil: Knackiges Obst und Gemüse, frischer Fisch, zartes Fleisch dienen Genuss und Gesundheit. Nach diesen Gesichtspunkten haben wir unsere Menüs zusammengestellt. Sie enthalten mäßige Portionen Fleisch und Fisch, begleitet von viel frischem Obst und Gemüse. Das steigert nicht nur den Genuss, sondern auch den Gesundheitswert.

Zu viele Kalorien machen dick
Die Kalorienzufuhr sollte den persönlichen Bedarf nicht überschreiten. Aber der kann je nach Veranlagung und Lebensstil sehr unterschiedlich sein. Sie selbst können am besten Ihren Bedarf ermitteln, wenn Sie sich regelmäßig wiegen. Denn wer ein guter „Futterverwerter" ist, kommt nun einmal mit weniger aus - in Zeiten des Überflusses oft ein Problem. Denn überflüssige Kalorien speichert unser Körper als Fett. Dabei spielt es eine große Rolle, in welcher Form wir sie zu uns nehmen.

Der Ernährungskreis: Kohlenhydrate, Eiweiß, Fett

Unsere Kalorien tanken wir in Form von Kohlenhydraten, Eiweiß und

Fett – in manchen Fällen auch mit Alkohol. Die Deutsche Gesellschaft für Ernährung empfiehlt 55-58 % als Kohlenhydrate, 12-15 % als Eiweiß und 30 % als Fett zu essen. Ganz anschaulich hat sie das im Ernährungskreis dargestellt:

- Etwa 30 % der Tageskost sollten aus Getreide und Kartoffeln bestehen. Von Brot über Cerealien bis zu Nudeln ist alles erlaubt, was schmeckt. Je körniger, desto besser!
- Etwas mehr, nämlich 35 % sollten Obst und Gemüse sein – 4-6 Portionen. Dabei spielt Gemüse die Hauptrolle – so oft wie möglich roh.
- Oft vergessen, aber lebensnotwendig: mindestens 1,5 l Getränke pro Tag. Am besten Mineralwasser, Tees, verdünnte Fruchtsäfte. Reiner Fruchtsaft dagegen zählt wie Obst.
- Calciumlieferanten auf Milchbasis sind für Knochen, Haut und Haare wichtig. Etwa $^1/_8$ Ihrer Nahrung darf es sein! Je weniger fetthaltig, desto besser. Besonders wertvoll sind Sauermilchprodukte.
- Jetzt wird es eng: Eier, Fisch und Fleisch teilen sich eine Gruppe, die ebenso groß ist wie die der Milchprodukte und vor allem mit Eiweiß versorgt. Hier ist weniger mehr. Jeweils 1-2 Portionen am Tag reichen völlig aus.
- Weniger ist mehr: Bei Fett sollten Sie geizen. Das tut nicht nur der Linie, sondern auch der Gesundheit gut!

Auf den täglichen Speisezettel kommt es an

Entscheidend für Figur und Gesundheit ist die Ernährung im Alltag, das Brot, das täglich auf den Tisch kommt, die Ernährungsgewohnheiten, die Sie haben. Deshalb dürfen Sie gelegentlich auch einmal über die Stränge schlagen. Unsere Festmenüs haben durch drei Gänge mehr Kalorien als eine normale Mahlzeit. Aber ihre Zusammenstellung ist sehr ausgewogen, sodass Sie sich auch noch nach dem Essen fit und angeregt fühlen. Mit anderen Worten: Genuss ohne Reue!

Das richtige Fett

Zu viel Fett macht fett. Aber ganz ohne geht's auch nicht: Fett ist lebensnotwendig für uns. Es ist Bestandteil von Hormonen und Gallensäuren, Träger der fettlöslichen Vitamine, Baustoff der Zellwände – also auch der Haut.

Jedes Fett besteht aus einer Vielzahl flüssiger ist das Fett. Lebensnotwendig für uns ist die mehrfach ungesättigte Linolsäure, die vor allem in guten Pflanzenölen vorkommt. Unser Körper kann sie nicht selber herstellen, wir müssen sie deshalb mit der Nahrung zu uns nehmen. Denn jede Ölfrucht und jedes tierische Fett hat ein eigenes „Fettsäuremuster".

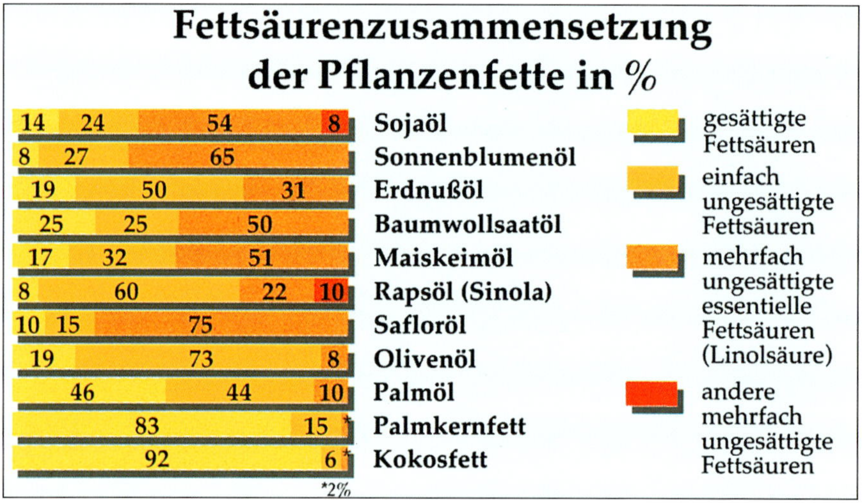

von Glycerinmolekülen, an die jeweils drei Fettsäuren gekoppelt sind. Je mehr dieser Fettsäuren „gesättigt" sind, desto fester ist das Fett. Das ist der Fall bei Fetten tierischen Urspungs wie Schmalz und Butter, auch bei versteckten Fetten in Käse, Wurst, Fleisch, Gebäck und Süßigkeiten.

Je höher dageger der Anteil der ungesättigten Fettsäuren ist, desto

Wichtig bei Arteriosklerose

Außerdem haben pflanzliche Öle und daraus hergestellte Lebensmittel noch einen weiteren Vorteil: Sie enthalten kein Cholesterin. Warnt Ihr Arzt Sie vor Arteriosklerose und stellt einen zu hohen Spiegel an LDL-Cholesterin fest, sollten Sie insgesamt möglichst wenig tierisches Fett verzehren und auf cholesterinarme Fette achten. Ein hoher Anteil an

mehrfach ungesättigten Fettsäuren wirkt insgesamt gegen Arteriosklerose. Auch die Omega-3-Fettsäuren in Seefisch wie Lachs oder Hering gehören dazu. Ein bis zwei Fischmahlzeiten pro Woche sind deshalb zu empfehlen.

Welches Fett wofür?

Je nach Verwendungszweck können Sie Pflanzenfett in flüssiger, cremiger oder fester Form einsetzen. Durch verschiedene Verfahren kann der urspünglich flüssige Zustand von Pflanzenfett verändert werden. Spezielle Bratfette sind temperaturstabil, sodass sie – ohne schädliche Stoffe zu entwickeln – stark erhitzt werden können. Wertvolle Öle verlieren bei längerem starken Erhitzen einen Teil ihrer Vorzüge.

- Gute Pflanzenöle sollten Sie vor allem für die kalte Küche, also Dips und Dressings, verwenden. Je nach Vorlieben können Sie zwischen neutralem Salat- oder Olivenöl wählen. Nudeln kleben nicht zusammen, wenn Sie sie nach dem Garen in wenig Öl schwenken. Auch zum schonenden Dünsten bei niedrigen Temperaturen sind Pflanzenöle sehr gut geeignet.

- Margarine wird heute aus Pflanzenölen hergestellt. Früher wurden dafür auch tierische Fette verwendet. Neben ihrer Verwendung als Streichfett ist sie in der Küche ideal zum Backen und Dünsten geeignet. Für beide Zwecke gibt es auch spezielle, Produkte.
- Besonders für das Garen bei höheren Temperaturen wurde eine Pflanzencreme entwickelt. Sie verliert ihren Gehalt an wertvollen Fettsäuren auch beim Erhitzen nicht und lässt sich sparsam dosieren. Durch ihr neutrales Aroma unterstützt sie den Eigengeschmack der Speisen. Wir verwenden sie deshalb in unseren Rezepten.

TIPP

Statt mit Streichfett können Sie Crostini oder Baguette auch mit einer Joghurtcreme (z.B. Brunch) oder Doppelrahmfrischkäse bestreichen.

Getränke gehören zum festlichen Essen

Was wäre ein Menü ohne den passenden Wein? Er erhöht den Genuss und macht zugleich das Essen verträglicher (siehe Kasten). Nach wie vor gilt die Faustregel: Zu hellem Fleisch und Fisch passen am besten Weißweine, zu dunklem Fleisch wie Wild und Rind sollte es Rotwein sein. Wer sich nicht entscheiden kann, macht mit Rosé garantiert nichts falsch. Dieser Kompromiss bietet sich auch an, wenn in der Vorspeise Fisch enthalten ist und Sie zum Hauptgang Wild servieren. Die Alternative: Zwei unterschiedliche Sorten Wein anbieten.

Zum Dessert darf es Sekt sein oder ein Digestiv wie Cognac, Grappa oder Obstbrand. Zu unseren Menüs wird in der Regel Wein serviert. Aber natürlich sollten Sie gleichzeitig alkoholfreie Getränke bereithalten.

Und die Temperatur?

Je leichter ein Wein ist, desto kühler sollten Sie ihn servieren. Rosé sollte 8 Grad haben, Weißweine auf 8-9 Grad gekühlt, Rotwein auf 16-17 Grad temperiert werden. Das gilt natürlich nur für Tischweine, also nicht für schwere, gehaltvolle Tropfen. Trockener Sekt und Champagner kann noch eine Idee kälter sein: Bei 7-8 Grad schmeckt er am besten.

Alkohol in Maßen ist gesund

Über die wohltuende Wirkung von Rotwein wurde schon viel geschrieben. Tatsächlich haben biologisch aktive Substanzen wie die Anthocyane in der Schale roter Trauben eine gesundheitsfördernde Wirkung. Aber die wird gleichermaßen von rotem Traubensaft erzielt.
Weißwein wiederum scheint im Darm eine heilsame Wirkung zu entfalten. Aber auch ein Drink mit amerikanischem Whiskey, ein Glas Likör oder ein Glas Sekt können das Risiko für Erkrankungen der Herzkranzgefäße verringern. Denn medizinisch wirksam ist nach heutigen Erkenntnissen vor allem der Alkohol. Allerdings nur, wenn zwischen 10 und 40 g Alkohol am Tag getrunken werden. Anderenfalls erhöht Alkohol das Risiko, an Krebs zu erkranken und birgt das große Risiko, süchtig zu werden. Deshalb sollten Männer nicht mehr als 20-40 g Alkohol am Tag konsumieren. Für Frauen gilt die Hälfte als Maßstab, weil ihre Leber Alkohol schlechter abbaut. Wer nur ab und zu Alkoholisches zu einem festlichen Essen genießt, darf sich natürlich ein Gläschen mehr genehmigen. 1 Glas Sekt hat 10 g Alkohol, ein Viertele Wein ca. 25 g, 1 Drink 8-13 g.

Der Aperitiv schließt den Magen auf

Nicht jedes alkoholische Getränk taugt als „Apéro". Denn er soll Appetit auf das Essen machen, und die Verdauungssäfte so richtig in Schwung bringen. Er sollte nicht zu süß sein und nicht zu schwer. Am besten ist, wenn er aromatische Substanzen enthält, die eine anregende und wohltuende Wirkung im Körper entfalten. Wermut wie der Noilly Prat gehört zu den Bittergetränken, die diese Wirkung durch Kräuterauszüge haben. Aber auch aromatische Liköre und andere Zutaten wie Angostura oder Fruchtsäfte haben diese Eigenschaft. Hier ein paar Vorschläge für Ihren Apéro:

- Noilly Fruit: 1 Longdrinkglas mit Eiswürfeln, mit 3 cl Noilly Prat und frisch gepresstem Grapefruitsaft auffüllen und mit Rührstab servieren (Bild unten).
- Pêcher Mignon Sekt: 1 Sektglas vorkühlen, mit 2 cl eiskaltem Pêcher Mignon und eiskaltem Sekt füllen.
- Martini Dry: 4 cl Gin und 2 cl trockenen Wermut mit Eiswürfeln im Shaker schütteln, in ein Cocktailglas abgießen und mit einer Olive garnieren.
- Pick me up: 3 cl Weinbrand mit 1-2 l Zitronensaft sowie je einem Spritzer Grenadine und Angostura auf zerstoßenem Eis schütteln, in einen Sektkelch gießen und mit einer Cocktailkirsche garnieren.

Drinks ohne Alkohol

Wer keinen Alkohol mag, kann natürlich auch alkoholfreie Varianten für den Aperitiv mixen: Ginger Ale, Bitter Lemon oder Tonic Water in Verbindung mit exotischen Fruchtsäften sind interessante Zutaten für Drinks. Aber auch Apfelschorle (Bild oben) ist erlaubt!

Zum Essen kann eisgekühltes Leitungswasser oder Mineralwasser kredenzt werden. Oder Sie machen es wie die Italiener: Verdünnen Sie Ihren Wein etwa zur Häfte mit Wasser – das harmoniert mit dem Essen und erlaubt einen Hauch von Genuss. Halten Sie dazu einen leichten Tischwein bereit.

Der schön gedeckte Tisch

Das Auge isst mit. Deshalb finden Sie zu jedem Menü kreative Dekorationsideen. Hier die Grundregeln für den schön gedeckten Tisch:

• Platzieren Sie Platzteller und Griffe des größten Bestecks etwa eine Daumenbreite weg von der Tischkante.

Auf den Platzteller kommt der große Speiseteller für den Hauptgang. Darauf steht entweder der Vorspeisenteller, auf dem die Vorspeise schon angerichtet ist, oder die Suppentasse samt Untertasse. Teller oder Schalen fürs Dessert werden erst mit dem Dessert aufgetragen. Decken Sie Brotteller, stehen diese links unten vom Platzteller.

• Beim Besteck gilt die Regel: Es wird von außen nach innen gegessen. Links liegen die Gabeln, rechts Messer und Suppenlöffel. Quer oberhalb des Platztellers liegt das Dessertbesteck. Beim Löffel zeigt der Griff nach rechts, bei der Gabel nach links. Auch zum Fischgang können Sie heute normales Besteck decken.

• Auch die Gläser stehen von außen bzw. rechts nach innen. Das Wasserglas steht dabei vor dem Glas für den Hauptgang. Wenn der Platz knapp ist, dürfen Sie die Gläser auch im Block zusammenstellen.

Zum schön gedeckten Tisch gehören auch die passenden Servietten. Dazu finden Sie bei jedem Menü eine andere Idee. Die meisten können ohne Anleitung verwirklicht werden. Hier stellen wir Ihnen eine kompliziertere Technik vor.

Servietten-Spitz

1. Die Serviette so zum Dreieck legen, dass der Saum nach innen kommt.

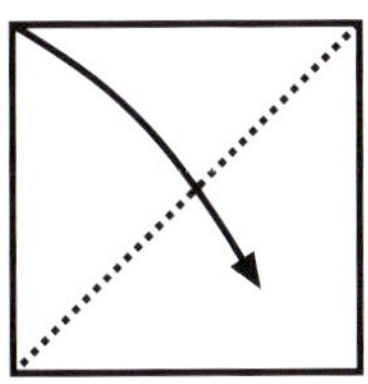

2. Falten Sie die beiden äußeren Ecken zur oberen Spitze. Sie erhalten dann ein Quadrat.

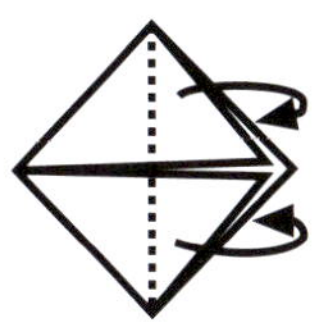

3. Nun klappen Sie die obere Hälfte (mit der Spitze, zu der Sie vorher alles hin gefaltet haben) nach hinten.

4. Knicken Sie die Serviette leicht in der Mitte und stellen Sie sie auf alle drei Spitzen.

Organisation ist alles

Checkliste

- Können alle Gäste kommen? Notfalls Ersatz einladen.
- Was gibt´s zu essen? Ist etwas vorher auszuprobieren?
- Einkaufsliste, Vorbestellung?
- Geschirr, Tischwäsche, Dekoration einsatzbereit?
- Passende Getränke auf Lager?
- Gibt's einen Aperitiv?
- Wohnung aufgeräumt, Bad und Garderobe ok?
- Eine halbe Stunde für sie selbst einplanen!

Liebe Gäste zu bewirten macht Spaß. Aber heute muss das jeder Gastgeber ohne fremde Hilfe auf die Beine stellen. Aus diesem Grund sollten Sie alles Notwendige so weit wic möglich im Voraus planen. Um Ihnen dabei zu helfen, haben wir zu jedem Menü einen Zeitplan entworfen. Sie können dort nachlesen, was Sie schon 1 Woche, 1-2 Tage, einige Stunden vor der Ankunft der Gäste erledigen können. Das entlastet Sie in den letzten Stunden und lässt Sie den Abend entspannt und gelassen beginnen – so wird die Einladung auch für Sie selbst zum Genuss. Besonders die Tischdekoration können Sie schon einmal ausprobieren und von langer Hand planen. Eine Checkliste zum Abhaken, die Sie bei jedem Menü finden, hilft bei der Planung. Wir haben für dieses Buch Gerichte zusammengestellt und Rezepte entwickelt, die sich gut vorbereiten lassen. Damit Sie nicht mehr in der Küche stehen, wenn die Gäste kommen.

Wenn Sie neue Menüs nach Ihren induviduellen Wünschen zusammenstellen möchten, müssen Sie natürlich selber einen Plan entwickeln. Achten Sie darauf, dass Sie Backofen und Herd nicht überbelegen: Wenn als Hauptgang ein Braten im Ofen ist, können Sie nicht gleichzeitig ein Kartoffelgratin als Beilage oder überbackene Zwiebelsuppe als Vorspeise zubereiten.
Berücksichtigen Sie bei der Auswahl des Menüs auch die Jahreszeit. Denn wenn Obst und Gemüse ihre Saison haben, sind sie besonders gut und preiswert. Dann sind sie auch überall zu bekommen – das spart die lästige und zeitraubende Lauferei zu verschiedenen Läden.

Rechtzeitig bestellen und einkaufen!

Steht Ihr Menü fest, dann schauen Sie, was Sie im Vorrat haben und was Ihnen fehlt. Lebensmittel, die Ihr Händler nicht immer vorrätig hat, (wie beispielsweise Wildschweinbraten oder Fisch) sollten Sie rechtzeitig bei ihm vorbestellen. Frisches Gemüse, Kräuter und Salat können Sie frühestens am Vortag besorgen. In dicht schließenden Plastiktüten oder -boxen bleibt auch zartes Grünzeug im Kühlschrank frisch. Kräuter können sie bereits am Vortag waschen, leicht trockenschütteln und in Plastiktüten verpacken.

Das sollten Sie im Vorrat haben
Vor jedem Menü steht ein Einkaufszettel. Einige Zutaten, die in (fast) jedem Haushalt vorhanden sind, haben wir nicht jedes Mal mit aufgeschrieben. Hier ist eine Liste der Zutaten, die auf den Einkauszetteln nicht extra erscheinen, weil wir sie als vorrätig voraussetzen. Sie sollten vor Ihrem Einkauf kontrollieren, ob diese Zutaten auch in Ihrem Vorratsschrank noch in ausreichender Menge vorhanden sind.

Fette
neutral schmeckendes Öl
kaltgepresstes Olivenöl
Margarine
Pflanzencreme zum Braten
Pflanzenfett in Platten

Sonstiges
mittelscharfer Senf
Tomatenmark
Mehl Type 405, Mehl Type 1050
(Blatt-)Gelatine, weiß
Balsamico-Essig
milder (Weiß-) Weinessig
Obstessig
Trockenhefe
Speisestärke
Honig
Gemüsebrühe
Gemüsefond
Saucenbinder hell
Saucenbinder dunkel
Zitronensaft
Knoblauch
Backpapier
extra starke Alufolie
Kaffee

Gewürze etc.
Zucker
Puderzucker
Vanillezucker
Salz
Kräutersalz
Sojasauce
Pfeffer, weiß und schwarz, gemahlen und ganze Körner
grüner Pfeffer
Pimentkörner
Paprikapulver edelsüß
Kreuzkümmel
Nelken, ganz und gemahlen
Muskatnuss
Lorbeerblätter
Kräuter der Provence, getrocknet
Beifuß, getrocknet
Dillspitzen, getrocknet
Majoran, gerebelt

TIPP

Haben Sie öfter Gäste, lohnt sich ein kleiner Getränkevorrat:
- 12 Fl. Mineralwasser
- 6 Fl. Fruchtsaft
- 1 Fl. Sherry
- 6 Fl. Sekt
- 12 Fl. Weißwein
- 12 Fl. Rotwein

Den Wein sollten Sie probiert haben. Bevorzugen Sie leichte Tischweine.

Leicht und vital

Fruchtig Frisches und schön Cremiges sind im ersten Menü kombiniert. Hier können Sie Ihren Gästen zeigen, dass auch der Winter Saison ist für fruchtigleichte Gerichte. Der knackige Vorspeisen-Salat wird durch die Hähnchenbrust mit cremiger Käsesauce und Kartoffelgratin zum Fest-Menü ergänzt. Dazu passt ein leichter, frischer Rosé aus Spanien.

Gebeizte Eismeer-Garnelen mit Feldsalat

•

Hähnchenbrust mit Edelpilzkäse auf Lauch, Apfel-Kartoffelgratin

•

Rote-Grütze-Türmchen mit Joghurtschaum

Einkaufszettel

- 4 (6) Hähnchenbrüste (à 150 g)
- 200 (300) g TK-Tiefsee-Garnelen
- 100 (250) g TK Beerencocktail
- 700 g (1kg) säuerliche Äpfel
- 3 (4) Orangen (1 unbehandelt)
- 750 g (1 kg) fest kochende Kartoffeln
- 2 (3) Stangen Lauch
- 200 (300) g Feldsalat
- 1 Becher Sauerrahm (10 %)
- Milch
- 100 (150) g Brotaufstrich mit Rahm
- 300 (450) g Naturjoghurt
- 75 (100) g Edelpilzkäse
- gehackte Pistazien
- 1 Glas Sauerkirschen
- Zitronengraspulver (Asienladen)
- 1 Baguette
- trockener Wermut
- Tischwein: Navarra Rosado „Grand Feudo" Bodegas Julian Chivite

Zeitplan

1 Woche vorher

Getränke, TK- und Dauerwaren nach Liste einkaufen.
Material für die Deko besorgen.
Steine mit Bast umwickeln.

Am Vortag

Restliche Einkäufe machen.
Getränke kalt stellen.
Türmchen für Dessert herstellen.
Garnelen marinieren.
Salat putzen, waschen, in geschlossener Salatschleuder kalt stellen.
Serviettenfliegen binden.

Am Morgen

Tisch decken.

2 Std. vorher

Apfel-Kartoffelgratin ofenfertig machen, mit Folie abdecken.
Salat vorbereiten.
Zutaten für Hauptgang vorbereiten.

1 Std. vorher

Türmchen auf Dessertteller stürzen, Joghurtschaum rühren.
Hähnchenbrust bis einschließlich Schritt 5 zubereiten.
Salat anrichten, mit Folie abdecken und auftischen. Gratin in den Ofen schieben.

Während die Gäste da sind

Hauptgang und Dessert fertig stellen.

Wickelsteine, Serviettenfliege, Kordelschal

Im Winter sind frische Blumen recht teuer. Deshalb ein ausgefallener, winterlicher Vorschlag: Deko mit Kieseln, Stoffschals und Kordel. Wer ein farbiges Geschirr hat, dessen Grundfarbe nicht mit unseren Blautönen harmoniert, kann die Farbtöne für Bast, Schals und Kordel natürlich variieren – die Idee bleibt die gleiche.

Sie brauchen: ca. 20 Kieselsteine, 2 Bd. unterschiedlich blauen Bast, 4 (6) Servietten, 5 (6) m Kordel, 2 Schals (ca. 2 m lang) in passenden unterschiedlichen Farben. (Sie können vorhandene Seidenschals nehmen, in die Restekiste greifen oder preiswerten Futterstoff kaufen.)

1. Die Kieselsteine mit einem ca. 50 cm langen Baststück umwickeln, die Enden in einem Schleifchen zusammenknoten. Wer mag, kann auch nicht umwickelte Steine als Tischkarten aufstellen. Sie lassen sich am besten mit dickem Permanent Filzstift beschriften.

2. Die Servietten zu einem Rechteck legen – dabei kommt die linke Seite nach innen. Etwa 25 cm Kordel abschneiden, die Enden jeweils mit einem einfachen Knoten verzieren.

Die Fliege in der Mitte zusammenfassen, Kordel darumschlingen und einfach verknoten. Serviettenenden locker auseinander ziehen.

3. Die Schals locker umeinander drehen. Die restl. Kordel an beiden Enden verknoten und um die Schals schlingen – sie bekommen damit mehr Festigkeit. In die Mitte der Tafel drapieren.

TIPP

Auf der Tafel lassen sich lange, flache Kiesel gut als Messerbänkchen verwenden.

Gebeizte Eismeer-Garnelen mit Orangen auf Feldsalat

200 (300) g TK-Tiefsee-Garnelen
3 (4) Orangen (1 unbehandelt)
2-3 (4) EL trockener Wermut
200 (300) g Feldsalat
Salz, Pfeffer aus der Mühle
4 (5) TL Keimöl
1 EL Senf

1. Unaufgetaute Garnelen in einer flachen Schale verteilen. Die Unbehandelte Orange unter fließend warmem Wasser bürsten, mit dem Zester Streifen aus der Schale ziehen, Saft auspressen. Saft, Schalen-

streifen und Wermut mischen, die Marinade über die Garnelen gießen und auftauen lassen.

2. Den Feldsalat verlesen und putzen, in der Salatschleuder zweimal gründlich waschen und trocken schleudern.

Die übrigen Orangen mit einem scharfen Messer einschließlich der weißen Haut schälen. Mit der Hand längs halbieren, die weißen Lippen entfernen. Die Orangenhälften quer in dünne Scheiben schneiden. Saft dabei auffangen.

3. Aus aufgefangenem Saft, dem Öl, Senf, Salz und Pfeffer ein würziges Dressing rühren.

4. Feldsalat mit Orangenscheiben und Garnelen anrichten und mit Dressing beträufeln. Dazu passt warmes Baguette.

Zubereitungszeit: ca 25 Min.
Pro Portion ca. 136 kcal, 0,6 BE

TIPP

Tiefsee-Garnelen aus dem Eismeer haben einen sehr aromatischen Geschmack und eine feste Konsistenz.

Apfel-Kartoffelgratin

750 g (1kg) fest kochende Kartoffeln
700 g (1 kg) säuerliche Äpfel
600 (800) ml Milch
Salz, schwarzer Pfeffer
1 Prise Zitronengraspulver
Fett für die Form

1. Kartoffeln und Äpfel waschen und schälen. Äpfel halbieren und das Kerngehäuse entfernen. Kartoffeln und Äpfel in gleichmäßig dünne Scheiben hobeln.

2. Milch mit Salz, Pfeffer und Zitronengras kräftig würzen. Eine große, flache Auflaufform ausfetten. Äpfel und Kartoffeln darin abwechselnd dachziegelartig einschichten. Das Milch-Gemisch gleichmäßig über dem Gratin verteilen.

3. Gratin im vorgeheizten Backofen auf der mittleren Schiene bei 200 Grad (Umluft 180 Grad) ca. 45 Min. backen.

Zubereitungszeit: ca. 20 Min.
Backzeit: ca. 45 Min.
Pro Portion ca. 376 kcal, 4,7 BE

Hähnchenbrust mit Edelpilzkäse auf Lauch

4 (6) Hähnchenbrüste (à 150 g)
Salz, Pfeffer aus der Mühle
1 Msp. Zitronengraspulver
2 (3) Stangen Lauch
1 (2) EL Pflanzenfett zum Braten (mit feinem Buttergeschmack)
½ Glas (175 ml) Roséwein
75 (100) g Edelpilzkäse
2 EL Sauerrahm (10 % Fett)

1. Hähnchenbrüste waschen, trockentupfen, mit Salz, Pfeffer und Zitronengraspulver einreiben.

2. Vom Lauch Wurzeln und welke Blattenden abschneiden. Stangen seitlich aufschneiden, sehr gründlich waschen. Schräg in etwa 3 cm breite Rauten schneiden.

3. Pflanzenfett in der Pfanne erhitzen, Hitze reduzieren. Brüstchen von jeder Seite 4 Minuten anbraten, dann herausnehmen.

4. Lauch in der Pfanne anbraten, mit Wein angießen, salzen und pfeffern.

5. Käse entrinden, auf dem Lauch verteilen. Die Brüstchen in den Lauch setzen und den Deckel auflegen. (Wenn Sie die Brüstchen vormittags schon für abends vorbereiten, stellen Sie die Pfanne an dieser Stelle an einen kühlen Ort, bis Ihre Gäste eintreffen.)

6. Die Lauchpfanne aufkochen lassen und 10 Minuten bei mittlerer Hitze dünsten. Die Brüstchen herausheben. Lauch mit Sauerrahm abschmecken und auf vorgewärmten Tellern anrichten. Hähnchenbrüstchen daraufsetzen und mit dem Gratin servieren.

Zubereitungszeit: ca. 40 Min.
Pro Portion ca. 377 kcal, 0 BE

TIPP

Zitronengras bekommen Sie frisch nur in Asienläden, mittlerweile hat aber fast jeder gut sortierte Supermarkt gemahlenes Zitronengras bei den Gewürzen. Wenn Sie frisches verwenden möchten, nehmen Sie nur die unteren 10 cm, kochen Sie es wie Lorbeer nur mit und nehmen es vor dem Servieren aus der Speise. Sie können aber auch geriebene Zitronenschale oder -saft verwenden.

Rote-Grütze-Türmchen mit Joghurtschaum

1 Glas Sauerkirschen
(+150 ml Kirschsaft)
40 (60) g Speisestärke
100 (250) g TK Beerencocktail
100 (150) g Brotaufstrich mit Rahm
300 (450) g Naturjoghurt
1-2 (3) EL Honig
2 TL (1 EL) gehackte Pistazien

1. Kirschen in ein Sieb abgießen, dabei den Saft auffangen. Etwas Kirschsaft mit Stärke glatt rühren. Restlichen Saft (ca. 400 ml) zum Kochen bringen. Angerührte Speisestärke unter Rühren in den kochenden Saft gießen. Aufkochen lassen,

vom Herd ziehen, Kirschen und die gefrorenen Beeren zugeben, mit dem Kartoffelstampfer kurz zermusen.

2. Kleine Förmchen (z. B. Joghurtbecher) mit kaltem Wasser ausspülen. Flammeri in die Förmchen geben. Im Kühlschrank ganz kalt werden lassen.

3. Den Naturjoghurt mit dem Brotaufstrich glattrühren und mit Honig abschmecken.

4. Rand der Fruchttürmchen vorsichtig mit einem Messer lösen. Türmchen auf Dessertteller stürzen, die Joghurtcreme drum herum verteilen. Die Türmchen mit Pistazien bestreut servieren.

Zubereitungszeit: ca. 20 Min.
plus Kühlzeit
Pro Portion ca. 262 kcal, 2,7 BE

TIPP

Diabetiker sollten beim Kauf der Sauerkirschen und des Kirschsaftes darauf achten, dass es sich um ausgewiesene Diabetikerprodukte handelt. Es empfiehlt sich, den Honig durch flüssigen Süßstoff zu ersetzen.

FEIERN MIT (FISCH-) FREUNDEN

Unser zweites Menü glänzt durch einfache Raffinesse. Schlichte Zutaten werden überraschend kombiniert: Möhren mit Orangensaft und Ingwer, Lachs mit Gemüse aus Schlangengurken, Grapefruit mit Pfirsichlikör. Die Suppe können Sie im Voraus kochen. Ein österreichischer Weißwein, grüner Veltliner, schmeckt zu diesem leichten Menü besonders gut.

EXOTISCHE MÖHREN-ORANGEN-INGWER-CREMESUPPE

•

LACHS AUF GURKENGEMÜSE, WILDREIS & KRESSESCHAUM

•

GEFÜLLTE GRAPEFRUIT MIT SAHNEHAUBE

Einkaufszettel

- reißfeste Alufolie
- 4 (6) Scheiben Toastbrot
- 700 g Lachsfilet (1 Seite à 1 kg)
- 200 (250) g Wildreis-Mischung
- 500 (750) g Möhren
- 1 (2) dicke, mehlig kochende Kartoffel(n)
- 1 (1,5) kg Salatgurke
- 2 (3) Kästchen Kresse
- 2 Zwiebeln
- 4 (6) Orangen
- 2 (3) rosa Grapefruits
- 1 (große) Banane
- 2 (3) Kiwis
- 1 Zitrone zum Auspressen oder Zitronensaft
- 50 g frischer Ingwer
- 80 (120) g Frischkäse mit Meerrettich
- 175 (275) ml Milch
- 2 Becher Sahne
- 2 (3) Eier
- gehackte Pistazien
- Mandelblättchen
- 1 Flasche Orangensaft
- Pfirsichlikör
- Tischwein: Grüner Veltliner Kabinett „Kremser Wachtberg" vom Weingut „Undhof" der Familie Salomon

Zeitplan

1 Woche vorher
Getränke und Dauerwaren nach Liste einkaufen.
Material für die Deko besorgen.
Tontöpfchen vorbereiten.

Am Vortag
Restliche Einkäufe machen.
Suppe kochen bis einschließlich 2. Schritt und kalt stellen.
Servietten binden (ohne Rosen).

Am Morgen
Tisch decken.

2 Std. vorher
Steckschwamm wässern, Röschen in die Töpfe stecken, Rosen und Rosenblätter bereitstellen.
Lachs bis 3. Schritt vorbereiten.
Grapefruits bis 3. Schritt vorbereiten, kalt stellen.

1 Std. vorher
Reis bis 1. Schritt zubereiten.
Kresseschaum bis 2. Schritt vorbereiten. Tafel fertig dekorieren.
Ofen anheizen.

Während die Gäste da sind
Toast rösten.
Suppe, Hauptgang und Dessert fertig stellen.

Steckrosen in Bronzetöpfchen und Servietten mit Rosenring

Eine romantische Dekorationsidee für festliche Einladungen – einfach und ohne viel Aufwand herzustellen. Sie eignet sich nicht nur zur Valentinseinladung: Auch Hochzeitstafeln, Taufessen oder die Tafel zum Weißen Sonntag lassen sich so dekorieren.

Sie brauchen: 3 Tontöpfe, 1 Steckschwamm, Goldspray, 1 Bd. Rosen, 4 (6) Servietten, 1 Rolle Seidenband.

1. Die Blumentöpfe mit Goldspray einsprühen. Den Steckschwamm in die Töpfchen verteilen.

2. Die Schwämmchen anfeuchten, die Röschen mit Blättern kurz abschneiden und dicht nebeneinander in die Schwämmchen stecken. Einzelne Blütenblätter abzupfen und luftdicht kühl aufbewahren. Erst kurz vor Eintreffen der Gäste auf der Tafel verteilen.

3. Die Servietten einfach zum schmalen Band falten. Dazu als Rechteck zusammenlegen und zweimal längs falten.

4. Das Geschenkband in 4 (6) gleiche Teile teilen. Um die Serviette legen, dabei das linke Ende doppelt so lang lassen wie das rechte. Über der Serviette einmal binden, dann

mit dem längeren Ende eine Schleife legen und zusammenknoten. Die freien Enden abschneiden.

5. Kurz bevor die Gäste kommen je eine Rose zwischen das Band und die Serviette stecken.

TIPP

Sie können die Töpfchen auch mit beliebigen anderen Blumen füllen.
Sollten die Blüten noch sehr knospig sein, können Sie die Töpfchen bereits 1-2 Tage vor der Einladung stecken.

Exotische Möhren-Orangen-Ingwer-Cremesuppe

500 (750) g Möhren
1 nussgroßes Stück frischer Ingwer
2 (3) Orangen
1 (2) große, mehlig kochende Kartoffel(n)
2 EL Pflanzencreme zum Braten
1 Zwiebel
1 zerdrückte Knoblauchzehe
400 (600) ml Gemüsebrühe
100 ml Orangensaft
80 (120) g Meerrettich-Frischkäse
Salz
gem. Kreuzkümmel
gehackte Pistazien
4 (6) Scheiben Toastbrot

1. Möhren waschen, schälen und in Scheiben schneiden. Ingwer schälen und fein reiben. Orangen mit einem scharfen Messer einschließlich der weißen Haut schälen. In etwa $^1/_2$ cm dicke Scheiben schneiden, austretenden Saft dabei auffangen. Kartoffel waschen, schälen und würfeln.

2. Die Zwiebel schälen und fein würfeln. In einem Topf die Pflanzencreme erhitzen, die Zwiebel darin glasig dünsten, Ingwer zugeben und 1 Minute mitbraten. Möhren, Kartoffelwürfel und Knoblauch zugeben und kurz mitbraten, dabei mehrfach wenden. Mit Gemüsebrühe und Orangensaft angießen. Zugedeckt 15 Min. köcheln.

3. Ist das Gemüse gar, die Suppe mit dem Mixstab fein pürieren und mit

Frischkäse, Salz und Kreuzkümmel würzen. Den Frischkäse sehr gut einrühren. Orangenscheiben einlegen und heiß werden lassen. Mit Pistazien bestreut servieren. Das Toastbrot rösten und dazu reichen.

Zubereitungszeit: ca. 30 Min.
Pro Portion ca. 247 kcal, 2,3 BE

Lachs auf Gurkengemüse

700 g Lachs (1 Seite à 1 kg)
1-2 EL Zitronensaft
Salz, weißer Pfeffer
1 (1,5) kg Salatgurke
1 (große) Zwiebel
1-2 (3) EL Keimöl
1 TL getrocknete Dillspitzen

1. Lachs waschen und trockentupfen. Zitronensaft mit Salz und Pfeffer vermischen und den Lachs rundum damit einreiben. Abgedeckt 15 Min. marinieren.

2. Die Gurken waschen, Enden abschneiden, schälen und längs halbieren. Mit einem Löffel die Kerne herauskratzen. Gurken in etwa $^{1}/_{2}$ cm breite Halbringe schneiden. Die Zwiebel pellen und sehr fein würfeln.

3. Zwiebelwürfel in heißem Öl glasig dünsten. Ein großes Stück Alufolie mit der blanken Seite nach oben auf ein Backblech legen. Die Gurken auf der Folie verteilen und die Zwiebeln darüber geben, mit Salz, Pfeffer und Dill würzen, den Fisch darauf legen und die Alufolie gut verschließen. Im vorgeheizten Backofen bei 180 Grad (Umluft 160 Grad) etwa 15 (20) Min. garen. Die Folie unten aufstechen und den Saft auffangen. Folienpaket

ruhen lassen, in der Zwischenzeit Kresseschaum zubereiten.

4. Vor dem Servieren Folie öffnen, den Fisch mit dem Gemüse auf eine vorgewärmte Platte schieben oder auf Tellern anrichten.

Zubereitungszeit: ca. 35 Min.
Pro Portion ca. 457 kcal, 0 BE

Tipp: Verwenden Sie den Gurkensaft statt Milch im Kresseschaum.

Wildreis-Türmchen mit Kresseschaum

200 (250) g Wildreis-Mischung
Salz, 2 (3) Kästchen Kresse
175 (275) ml Milch
75 (100) ml süße Sahne
2 (3) Eier
1 (gehäufter) TL Speisestärke
etwas Zitronensaft, Pfeffer
Fett für die Förmchen

1. Den Reis in einem Topf erhitzen, mit 0,4 (0,5) l Wasser und Salz angießen, aufkochen und bei kleiner Hitze ausquellen lassen.

2. Garen Reis in gefettete Förmchen drücken. Bis zum Servieren im Wasserbad warmhalten.

3. Kresse abschneiden, verlesen und abbrausen. Mit etwas Milch fein pürieren.

4. Restliche Milch mit Sahne, Eiern und Stärke verquirlen. Unter ständi-

gem Rühren mit dem Pürierstab aufkochen lassen, vom Herd ziehen und weiterrühren. Mit Zitronensaft, Salz und Pfeffer würzig abschmecken.

5. Reistürmchen auf den Teller stürzen. Kresseschaum dazu reichen.

Zubereitungszeit: ca. 30 Min.
Pro Portion ca. 322 kcal, 3,6 BE

Gefüllte Grapefruit mit Sahnehaube

- **2 (3) rosa Grapefruits**
- **2 (3) Orangen**
- **4 (6) cl Pfirsichlikör**
- **2 (3) Kiwis**
- **1 (große) Banane**
- **1-2 EL Mandelblättchen**
- **125 (200) ml süße Sahne**
- **1 Pck. Vanillezucker**

1. Grapefruits halbieren. Mit dem Grapefruitlöffel das Fruchtfleisch aus den Hälften lösen und die weißen Trennhäute entfernen. Orangen dick schälen, die Filets herauslösen und halbieren. Austretenden Saft auffangen, mit der Hälfte des Pfirsichlikörs vermischen. Die Kiwis schälen, längs vierteln und in Scheiben schneiden. Banane schälen, schräg in Scheiben schneiden. Alle Früchte in das Pfirsichlikör-Saft-Gemisch geben und 20 Minuten ziehen lassen.

2. Die Mandelblättchen in einer Pfanne ohne Fett leicht rösten, gleich aus der Pfanne nehmen.

3. Die Grapefruitschalen mit Fruchtsalat füllen, abdecken und kalt stellen, bis die Gäste eintreffen. Dann aus der Kühlung nehmen, damit sich das Aroma entwickeln kann.

4. Die Sahne mit dem Vanillezucker steif schlagen, zum Schluss den übrigen Pfirsichlkör zugeben. Jede Grapefruithälfte mit einem Löffel Sahne krönen und mit Mandelblättchen bestreuen. Restliche Sahne im extra Schälchen reichen.

Zubereitungszeit: ca. 40 Min.
Pro Portion ca. 293 kcal, 1,1 BE

TIPP

Diabetiker sollten statt Pfirsichlikör ungezuckerten Pfirsichsaft verwenden. Mit flüssigem Süßstoff und Vanillepulver abschmecken.

KRÄUTER IM FRÜHLING

Das erste Gemüse im Jahr sind die wilden Kräuter: Löwenzahn, Sauerampfer, Vogelmiere, Brennnessel. Es gibt sie zum Nulltarif auf der Wiese oder auf dem Wochenmarkt. Greifen Sie zu, sie enthalten alles, was gegen Frühjahrsmüdigkeit hilft. Und vergessen Sie den Rhabarber nicht! Erfrischend dazu ist ein leichter, frischer kalifornischer Weißwein.

WILDKRÄUTERSALAT MIT KÄSE-CROSTINI

•

KRÄUTERPOULARDE MIT SPINAT-SERVIETTEN-KLÖSSEN

•

RHABARBER-SORBET MIT ORANGEN

Einkaufszettel

- Bratschlauch extra breit
- 1-l-Gefrier-Koch-Beutel
- 1 kleines Baguette
- 5 (7) altbackene Brötchen
- 1 Poularde à ca. 2 kg (2 Hähnchen à ca. 1,5 kg)
- 20 (30) g roher Schinken
- 1 Möhre
- 600 (800) g Blattspinat
- 1 (dicke) Zwiebel
- 1 (dicke) Stange Lauch
- 200 (300) g Wildkräuter
- 1 (dickes) Bd. Petersilie
- 2 Zweige Thymian
- 1 unbehandelte Zitrone
- 2 (große) Orangen
- 300 (400) g Rhabarber
- 80 (120) g Kräuterfrischkäse (37 % Fett i. Tr.)
- 200 (300) ml Milch
- 1 Becher Sahne
- 4 (7) Eier
- trockener Wermut
- Weißwein
- trockener Sekt
- Tischwein: Chardonnay „Sundial“ von Fetzer Vineyards

Zeitplan

1 Woche vorher

Getränke und Dauerwaren nach Liste einkaufen.
Sorbet zubereiten, gut verschlossen im Gefrierschrank lagern.
Fläschchen für die Deko besorgen.

Am Vortag

Restliche Einkäufe machen.
Getränke kalt stellen.
Kräuter putzen und dicht verschlossen im Kühlschrank lagern.
Salatsauce herstellen.

Am Morgen

Poularde bis Punkt 2. zubereiten, im Bratschlauch im Kühlschrank aufheben.
Spinat-Serviettenklöße bis Punkt 3. vorbereiten, im Kühlschrank lagern.
Tisch decken.

2 Std. vorher

Crostini vorbereiten.
Orangen filetieren.
Ofen vorheizen, Poularde in den Ofen schieben.
Fläschchen mit gefärbtem Wasser füllen, Blüten hineinstellen.

Während die Gäste da sind

Crostini überbacken.
Salat anrichten.
Hauptgang fertig stellen.
Dessert anrichten.

Bunte Blüten-fläschchen und Servietten im Glas

Tulpen sind die idealen Frühlingsblumen, doch sie wirken oft streng. Wir haben deshalb kleinblütige Papageientulpen ausgewählt und lockern sie mit Mimosen auf. Sie können aber statt der Mimosen auch frische Kräuter zu den Tulpen dekorieren und – einige Stängel zum Sträußchen zusammengebunden – auch zwischen die Gedecke legen. Das passt zum Menü und verbreitet einen aromatischen Duft auf der Tafel. Wegen ihres angenehmen Aromas und der attraktiven, zarten Blattstrukturen besonders gut geeignet sind glatte Petersilie, Zitronenmelisse, Pimpernelle, Minze und Kerbel.

Sie brauchen: 4-6 Soda-, Softdrink- oder sonstige Fläschchen, etwas Bast, blaue und grüne Speisefarbe, pro Flasche 2-3 Blütenstiele (hier gelbe Papageien-Tulpen und Mimosen), 4 (6) Servietten.

1. Die Servietten auseinanderfalten, bei jeder die Mitte zwischen die Fingerspitzen nehmen, nach unten hin schütteln und mit der Spitze in das Wasser- oder Weinglas stellen. Gefällig zurecht zupfen.

2. Die Fläschchen am Hals mit etwas Bast umwickeln. Wasser mit Speisefarbe passend zu Blumen, Geschirr

und Tischtuch einfärben und in die Flaschen füllen. Zwischen den Gedecken einzelne Mimosenstiele oder Kräutersträußchen arrangieren.

3. In jede Flasche 2-3 Blütenstiele von unterschiedlicher Höhe stellen.

TIPP

Wer seine alten Gläser aufpeppen will oder ein Sammelsurium hat, kann durch kleine Bastschleifchen um den Stiel ein dekoratives und zugleich verbindendes Element herstellen.

Wildkräuter-salat mit Käse-Crostini

1 (2) hart gekochtes Ei
8 (12) Scheiben Baguette
3 (5) EL fein geriebene Möhre
einige Tropfen Keimöl
einige Tropfen Zitronensaft
80 (120) g Kräuterfrischkäse
(37 % Fett i. Tr.)
200 (300) g junge Wildkräuter (z.B. Löwenzahn, Brennnesselblätter, Brunnenkresse, Sauerampfer, Vogelmiere) Ersatz: Kresse, Petersilie, Dill, Schnittlauch, Kerbel, Pimpinelle oder Borretsch
20 (30) g roher Schinken, in Streifen
2 (3) EL Keimöl
3 (4) EL milder Weinessig
4 (6) EL Gemüsebrühe
2 TL (1 EL) Senf
Salz, schwarzer Pfeffer

1. Ei(er) pellen, erkalten lassen und hacken.

2. Baguettescheiben toasten. Geriebene Möhre mit Öl und Zitronensaft mischen. 1 EL Möhre beiseite stellen, den Rest gründlich mit dem Frischkäse vermengen und auf die Baguette-

scheiben streichen. Im vorgeheizten Ofen bei 220 Grad 2-3 Min. überbacken oder unter den Grill stellen.

3. Kräuter putzen, waschen und trockenschleudern. Große Kräuter in mundgerechte Stücke teilen. Schinkenstreifen im Öl auslassen, vom Herd nehmen, mit Essig und Brühe ablöschen. Mit Senf in einem Schüttelbecher mixen, mit Salz und Pfeffer würzen.

4. Vor dem Servieren die Kräuter mit der Marinade vermischen. Anrichten

und mit gehacktem Ei bestreuen. Die heißen oder lauwarmen Crostini mit etwas Raspelmöhre bestreut dazu servieren.

Zubereitungszeit: ca. 25 Min.
Pro Portion ca. 276 kcal, 1 BE

Kräuter-Poularde

1 Poularde à ca. 2 kg (2 à 1,5 kg)
Salz, Pfeffer
1 TL getr. Beifuß
1 Glas trockener Wermut
2 Zweige Thymian
1 (dickes) Bd. Petersilie
1 (dicke) Stange Lauch
1/4 l (300 ml) Weißwein
etwas Saucenbinder
Bratschlauch, Küchengarn

1. Poularde von innen und außen waschen und gut trocknen. Mit einer Mischung aus Wermut, Beifuß, Salz und Pfeffer von innen und außen einreiben. Am besten die Würzmischung in die Haut einmassieren.

2. Die Kräuter waschen und trockentupfen. Eine Hand voll Thymianblättchen abzupfen. Die Haut der Poularde auf der Brust vorsichtig ablösen. Mit der Hand behutsam einzelne Thymianblättchen darunter schieben.

3. Den Lauch putzen, waschen und der Länge nach halbieren, mit den restlichen Kräutern zu einem Paket binden, die Poularde damit füllen. Danach dressieren (mit Hilfe von Küchengarn in Form bringen), in den Bratschlauch schieben, diesen ver-

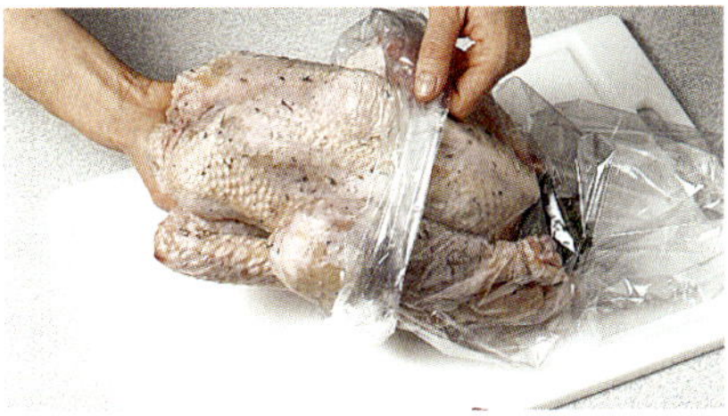

schließen und im vorgeheizten Backofen bei 200 Grad (Umluft 180 Grad) etwa 1 1/4 Std. garen.

4. Dann den Schlauch oben aufschneiden und die Poularde ca. 15 Min. Farbe annehmen lassen. Mit dem Bratenthermometer die Kerntemperatur prüfen, bei 90 Grad ist die Poularde gar.

5. Poularde warm halten. Den Bratenfond mit etwas Saucenbinder leicht binden, mit Salz und Pfeffer abschmecken. Poularde tranchieren und mit der Sauce servieren.

Zubereitungszeit: ca. 2 Std.
Pro Portion ca. 702 kcal, 0 BE

Spinat-Serviettenklösse

- **5 (7) altbackene Brötchen**
- **200 ml (300 ml) Milch**
- **600 (800) g Blattspinat**
- **Salz, 2 TL Margarine**
- **1 fein gehackte (dicke) Zwiebel**
- **1 zerdrückte Knoblauchzehe**
- **2 (3) kleine Eier, gem. Muskatnuss**
- **4 (6) 1-l-Gefrier-Koch-Beutel**

1. Brötchen in etwa 5 mm dicke Scheiben schneiden. Mit warmer Milch begießen, ziehen lassen.

2. Spinat putzen und waschen. In reichlich kochendem Salzwasser 1

Min. kochen. Eiskalt abschrecken, abtropfen lassen. Zwiebel und Knoblauch in heißer Margarine glasig dünsten, den Spinat zugeben.

3. Die Eier verquirlen, zum Brot geben und mit der Spinatmischung verarbeiten. In 4 (6) Portionen teilen und in je einen Kochbeutel füllen.

Den Teig am unteren Beutelende zur Rolle formen, Beutel verschließen.

4. Reichlich Wasser aufkochen, die Beutel hineinlegen. Bei kleiner Hitze etwa 20 Min. köcheln lassen. Zum Servieren Klöße herausnehmen und in Scheiben schneiden.

Zubereitungszeit: ca. 45 Min.
Pro Portion ca. 280 kcal, 2,5 BE

Rhabarber-Sorbet mit Orangen

90 (125) g Zucker
200 (300) g Rhabarber (geputzt gewogen)
1 (2) sehr frisches Eiweiß
1 TL Zitronensaft
1 Msp. (1/2 TL) Zitronenschale
100 (125) g süße Sahne
2 (große) Orangen
ca. 150 (200) ml trockener Sekt

1. 40 (60) g Zucker und 2 (3) TL Wasser in einer weiten Pfanne karamellisieren lassen. Hitze reduzieren und gewürfelten Rhabarber zugeben. Unter gelegentlichem Rütteln an der Pfanne abgedeckt in 5-10 Min. knapp weich kochen. Abkühlen lassen. Kalt pürieren.

2. Eiweiß mit dem restlichen Zucker zu steifem Schnee schlagen. Zitronensaft und -schale und Rhabarber zugeben. Sahne steif schlagen. Unter die Rhabarbermasse ziehen und abgedeckt ca. 3 Std. tiefkühlen. Etwa jede Stunde mit einem Pürierstab durchschlagen, damit das Sorbet schön cremig wird.

3. Die Orangen mit einem scharfen Messer einschließlich der weißen Haut schälen, längs halbieren und quer in Scheiben schneiden.

4. Aus dem Rhabarber-Sorbet 4 (6) dicke Kugeln formen und mit den Orangenscheiben in Dessertschalen anrichten. Jeweils einen Schuss eiskalten Sekt angießen.

Zubereitungszeit: ca. 50 Min.
plus Gefrierzeit
Pro Portion ca. 253 kcal, 2,3 BE

TIPP

Diabetiker können den Rhabarber mit 1 TL Öl kurz anbraten und mit etwas Wasser ablöschen. Süßen Sie dann das Dessert mit 50 g (für 4 Pers.) bzw. 75 g (für 6 Pers.) Fruchtzucker.

0,75 l
WIEN
BRUT

DEFTIGES LEICHT SERVIERT

Sild und Kasseler – auf gut Deutsch
Hering mit gepökeltem Schweinerücken –
sind echte Hausmannskost,
aber viel schlanker als Sie glauben.
Kombiniert mit außergewöhnlichen Zutaten
werden sie gästefein.
Die leichte Zubereitung lässt sogar noch
Raum für den Schokoladentraum!
Ein Pfälzer Riesling rundet dieses
klassische Menü ab.

MANGO-SILD-COCKTAIL

•

KASSELER IM MANGOLDMANTEL MIT BOUILLONKARTOFFELN

•

SCHOKOLADEN-MOUSSE AUF MARACUJASAUCE

Einkaufszettel

- 4 (6) Scheiben Vollkornbrot
- 200 (300) g Sild
- 600 (800) g Kasseler
- 750 g (1 kg) Kartoffeln
- 250 (400) g Möhren
- 750 g (1 kg) Mangold
- 1 Bd. Frühlingszwiebeln
- 1 (große) Zwiebel
- je 2 Bd. Petersilie, Schnittlauch, Thymian, Kerbel
- je 1 Bd. Basilikum und Dill
- 125 (150) g Kapstachelbeeren
- 1 Mango
- Sahne-Meerrettich
- 1 Prise gem. Zitronengras
- 150 (200) g Weichkäse mit grünem Pfeffer
- 100 (150) g Rahm-Brotaufstrich
- 50 (100) g Sauerrahm 20 %
- 150 (200) g Schmand
- 1 Becher Sahne
- gehackte Pistazien
- 100 g Zartbitterschokolade
- 50 (100) g Vollmilchschokolade
- Maracujanektar und -sirup
- Amaretto
- Tischwein: Ruppertsberger Riesling vom Weingut Dr. Bürklin-Wolf

Zeitplan

1 Woche vorher
Getränke und Dauerwaren nach Liste einkaufen.
Sackleinen kaufen und zuschneiden.
Schälchen aussuchen.

Am Vortag
Restliche Einkäufe machen.
Schokoladen-Mousse zubereiten.
Getränke kalt stellen. Tisch decken.
Servietten falten.

Am Morgen
Maracujasauce zubereiten.
Sild wässern.
Kasseler ofenfertig vorbereiten, in den Kühlschrank legen.
Schokoladen-Mousse stürzen.
Kräuterschälchen stecken.

2 Std. vorher
Sild-Cocktail vorbereiten.
Zutaten für die Bouillon-Kartoffeln vorbereiten.

1 Std. vorher
Sild-Cocktail anrichten.
Kräuter in die Serviettenbänder stecken.

Während die Gäste da sind
Kasseler in den Ofen schieben.
Bouillonkartoffeln kochen.
Dessert anrichten.

Sets aus Sackleinen und Kräuterschälchen

Es muss nicht immer teure Tischwäsche sein. Sackleinen ist so preiswert (ca. 7 DM pro Meter), dass Sie sich Einmal-Sets und hübsche Serviettenringe daraus schneiden können. (Die Sets lassen sich meistens öfter verwenden. Je nachdem, wie sehr gekleckert wird.) Die Kräuter unterstreichen den rustikalen Charme der Tafel, die Sie auch direkt auf der Tischplatte oder draußen arrangieren können. Wer keine Schälchen hat, nimmt leere Konservengläser und umhüllt sie mit Sackleinen.

Sie brauchen: 40 (60) cm blaues Sackleinen (Bastelladen), je 1 Bd. Thymian, glatte Petersilie, Basilikum und Schnittlauch

1. Aus dem Sackleinen 4 (6) Sets mit 30 x 40 cm schneiden. Die Ränder ausfransen, indem man jeweils 4-5 Fäden wegzieht.

2. Aus den schmalen Resten 4 (6) lange Streifen von ca. 3 cm Breite und 40-45 cm Länge schneiden, je nach Dicke der Servietten. Vorsicht, der Stoff franst leicht aus.

3. Die Servietten einmal längs und zweimal quer falten. Jeweils ein Sackleinenband der Länge nach ausfransen, um eine Serviette binden und locker verknoten. Die Enden evtl. zurechtschneiden, ausfransen.

4. 4 (6) kleine Kräuterbouquets zusammenstellen und bis kurz vor dem Eintreffen der Gäste in einer Plastiktüte im Gemüsefach des Kühlschranks lagern. Dann die Kräuter hinter das Band stecken.

5. Für die Kräuterschälchen 1-2 kleine Schälchen erst mit Wasser, dann dicht mit Kräutern füllen.

TIPP

Sie können auch Kräuter und Blumen von der Wiese pflücken. Im Herbst eignen sich Zweige aus dem Wald.

Vorspeise

Mango-Sild-Cocktail

200 (300) g Sild (kleine, norwegische Heringsfilets)
$^{1}/_{2}$ ($^{3}/_{4}$) Bd. Dill
100 (150) g Brotaufstrich aus Rahm
1 (1-2) EL Zitronensaft, Salz
1 Prise Zucker
1-2 TL (1 EL) Sahne-Meerrettich
Pfeffer aus der Mühle
1 (1-2) EL geschlagene Sahne
1 reife Mango ca. 300 (400) g

1. Die Heringsfilets je nach Intensität des Salzgeschmacks 2-6 Stunden in Mineralwasser ziehen lassen. Mit Küchenpapier trockentupfen und

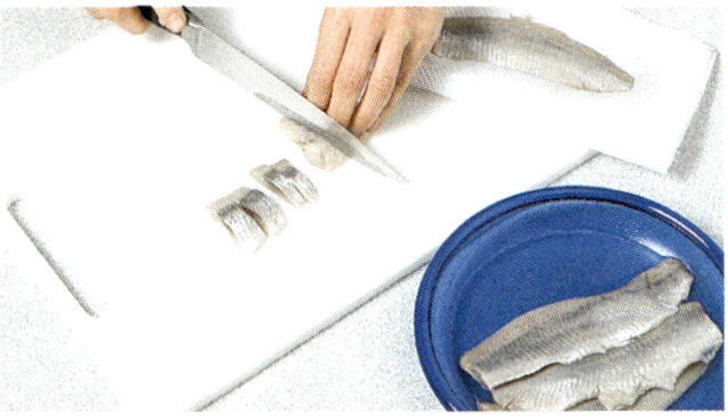

mit einem scharfen Messer quer in 2-3 cm breite Stücke schneiden.

2. Den Dill waschen und in der Salatschleuder trockenschleudern. Die Dillspitzen von den Stielen streifen. Den Brotaufstrich mit Zitronensaft, Salz, Zucker, Sahne-Meerrettich und Pfeffer cremig rühren. Die geschlagene Sahne vorsichtig unterheben.

3. Mango schälen, Fruchtfleisch in Scheiben vom Kern schneiden, dabei den Saft auffangen. Beginnen Sie an den breiten, flachen Seiten der

Frucht, denn so schneiden Sie entlang des Kerns. Mangoscheiben in etwa 2 cm große Würfel schneiden, mit den Fischstückchen in einer Schale mischen. Einige besonders hübsche Würfel beiseite legen. Mangosaft und Dillspitzen (einige besonders schöne Spitzen zur Seite legen) unterziehen und die Sauce über dem Fisch und den Mangos verteilen. Vorsichtig durchmischen und ca. $^{1}/_{2}$ Std. durchziehen lassen.

4. Vor dem Anrichten nochmals durchmischen, mit Mangostückchen und Dillfähnchen garnieren.
Dazu passt Vollkornbrot. Besonders hübsch sieht es aus, wenn Sie das Brot in Fischform ausstechen oder ausschneiden.

Zubereitungszeit: ca. 30 Min.
plus 2-6 Std. zum Wässern und 30 Min. zum Durchziehen
Pro Portion ca. 235 kcal, 0,8 BE

Kasseler im Mangold-mantel

- 750 g (1 kg) Mangold
- Salz, etwas Keimöl
- 40 (50) g gemischte, gehackte Kräuter (z. B. Petersilie, Kerbel, Schnittlauch, Basilikum)
- 150 (200) g Weichkäse mit grünem Pfeffer
- 50 (100) g Sauerrahm (20 % Fett)
- 600 (800) g Kasseler
- 1 (große) gewürfelte Zwiebel
- 2 TL (1 EL) Pflanzencreme
- 100 (150) ml Gemüsebrühe
- evtl. etwas hellen Saucenbinder
- Pfeffer, Muskat
- extra starke Alufolie

1. Mangold waschen. Stiele abschneiden und in Streifen schneiden. Blätter in Salzwasser 2 Min. blanchieren, in Eiswasser abschrecken und abtropfen lassen.

2. Ein großes Stück Alufolie leicht einölen. Die Mangoldblätter überlappend auf der Folie auslegen.

3. Kräuter waschen, dicke Stiele entfernen. Grob gewürfelten Weichkäse mit Sauerrahm und Kräutern pürieren. Kasseler mit der Käsemasse einstreichen, auf die Mangoldblätter legen. Die Blätter mit Hilfe der Folie ums Kasseler wickeln, die Folie dicht verschließen. Im vorgeheizten Backofen bei 200 Grad ca. 40 Min. garen.

4. Zwiebel in der Pflanzencreme glasig dunsten. Mangoldstiele kurz mitandünsten. Gemüsebrühe angießen und 5-10 Min. garen, dann fein pürieren.

5. Kasseler aus dem Ofen nehmen und die Flüssigkeit aus der Folie zur Sauce gießen. Sauce aufkochen lassen, evtl. mit Saucenbinder etwas andicken und mit Salz, Pfeffer und Muskat würzen. Kasseler in Scheiben schneiden und mit Sauce und Bouillonkartoffeln servieren.

Zubereitungszeit: ca. 25 Min.
Garzeit: ca. 40 Min.
Pro Portion ca. 683 kcal, 0 BE

Bouillon-Kartoffeln

750 g (1 kg) Kartoffeln
250 (400) g Möhren
1 Bd. Thymian
1 (2) EL Pflanzencreme
etwa 750 ml Gemüsebrühe
Sojasauce
1 (dickes) Bd. Schnittlauch
1 Bd. Frühlingszwiebeln

1. Kartoffeln schälen und würfeln. Möhren waschen, wenn nötig schrappen und stifteln. Thymian waschen und Blättchen abzupfen.

2. Kartoffeln und Möhren in zerlassener Pflanzencreme schwenken, mit Gemüsebrühe ablöschen. Thymian und etwas Sojasauce zugeben, aufkochen lassen und 10-15 Min. garen.

3. Schnittlauch waschen, in feine Röllchen schneiden. Frühligszwiebeln waschen, putzen und in dünne Ringe schneiden.

4. Kurz vor Ende der Garzeit Zwiebelringe zu den Kartoffeln geben und gar ziehen lassen. Kartoffeln mit Sojasauce abschmecken und mit Schnittlauchröllchen bestreuen.

Zubereitungszeit: ca. 30 Min.
Pro Portion ca. 194 kcal , 2,4 BE

Schokoladen-Mousse auf Maracujasauce

3 (4) Blatt weiße Gelatine
100 g Zartbitterschokolade
50 (100) g Vollmilchschokolade
150 (200) g Schmand
1 (gehäufter) EL Zucker
1 (2) EL Amaretto
75 (100) ml Sahne
125 (150) g Kapstachelbeeren
125 (150) ml Maracujanektar
1 (gehäufter) EL Speisestärke
75 (100) ml Maracujasirup
1 Prise gem. Zitronengras
Zur Garnitur:
gehackte Pistazien

1. Gelatine in kaltem Wasser einweichen. Beide Schokoladen grob zerteilt im Wasserbad schmelzen, abgetropfte Gelatine darin auflösen.

2. Schmand mit Zucker und Amaretto verrühren. Sahne steif schlagen. Beginnt die Schokolade fest zu werden, beides unterziehen.

3. Beschichtete Kastenform (ca. 1 l Inhalt) kalt ausspülen, die Mousse darin verteilen und im Kühlschrank ca. 3 Std. fest werden lassen.

4. Für die Sauce die Beeren bis auf 4 (6) aus den Hüllen lösen. In feine Spalten schneiden. Die Stärke mit etwas Maracujanektar anrühren. Den Rest Nektar erhitzen, Stärke einrühren, aufkochen lassen, mit Sirup und Zitronengras verrühren, Fruchtspalten unterheben, kalt stellen.

5. Ränder der Form vorsichtig lösen, die Schokoladen-Mousse stürzen. In Scheiben schneiden und auf einem Saucenspiegel aus Maracujasauce anrichten. Mit Pistazien und Kapstachelbeeren garnieren.

Zubereitungszeit: ca. 40 Min.
Kühlzeit: ca. 3 Std.
Pro Portion ca. 545 kcal, 1,9 BE

TIPP

Für Diabetiker: Diabetiker-Schokolade verwenden, Zucker durch flüssigen Süßstoff ersetzen und den Amaretto durch 1 Tropfen Rumaroma. Apfel-Maracujasaft für Diabetiker (von Eden) verwenden und den Sirup durch eine Maracuja oder dieselbe Menge Nektar (s.o.) ersetzen.

Klassisch und edel

Sie lieben die traditionelle Küche und möchten trotzdem etwas Besonderes? Oder laden Sie zu einem Familienfest ein? Dann ist dieses Menü ideal: Klassisch, mit Pfiff und federleicht. Vorspeise und Dessert können Sie wunderbar vorbereiten, der Braten kommt erst kurz vorher ins Rohr. Ein eleganter, würziger Chianti harmoniert bestens mit unserem Menü.

Spargel-Quiche

•

Roastbeef mit Möhrenkruste, Grilltomaten und Kräuterkartoffeln

•

Erdbeer-Joghurt-Creme

Einkaufszettel

- 750 g (1 kg) Roastbeef mit Fettrand
- 8 (12) mittelgroße Tomaten
- 6 (9) Kartoffeln (à ca. 150 g)
- 250 g weißer Spargel
- 250 g grüner Spargel
- 1 (dickes) Bd. Möhren
- 500 (750) g Erdbeeren
- 1 unbehandelte Orange
- 150 (200) g Löffelbiskuits
- Butterschmalz
- Rôtisseur-Senf
- 1 Bd. Basilikum
- 1 (2) Bd. glatte Petersilie
- 100 ml Sahne
- 100 ml Milch
- 250 (375) g Quark 20 % Fett
- 150 (200) g Naturjoghurt
- 75 g Kräuterfrischkäse
- 100 (125) g Pflanzencreme mit Kräutern
- 3 Eier
- Mandelblättchen
- Orangensaft
- Orangenlikör
- Tischwein: Castello di Nipozzano aus dem Anbaugebiet Chianti Rufina

Zeitplan

1 Woche vorher

Getränke und Dauerwaren nach Liste einkaufen.

Am Vortag

Restliche Einkäufe machen.
Kräuter putzen und dicht verschlossen in den Kühlschrank legen.
Getränke kalt stellen.
Tisch decken.
Servietten falten.

Am Morgen

Tischdeko herstellen.
Dessert zubereiten.
Quiche zubereiten.

2 Std. vorher

Roastbeef und Kartoffeln vorbereiten.

1 Std. vorher

Roastbeef und Kartoffeln in den Ofen schieben.
Tomaten vorbereiten.

Während die Gäste da sind

Tomaten und Kartoffeln grillen.

Bänder und Blütengesteck zum Serviettenspitz

Mit Bändern und Blüten lässt sich jedes Geschirr individuell ergänzen. Die Bänder lassen sich immer wieder verwenden – eine lohnende Investition also. Nehmen Sie einen Teller als Muster zum Bänderkauf mit, um sicherzugehen, dass die Farben zueinander passen. Für das Gesteck brauchen Sie extra kurze Blumen mit unbeschädigten Blüten. Fragen Sie beim Blumenhändler nach – er gibt Knickblumen, die beim Binden und Einstellen anfallen, oft preiswert ab.

Sie brauchen: 1 Schale fürs Gesteck, 1 Teller (etwas größer als die Schale), 2 Bunde Tulpen, 1 Bund Hyazinthen, einige große Blätter, 4 breite, farblich passende, ca. 2 m lange Stoffbänder (jeweils 2 gleiche), evtl. 1,5 m schmales, farblich passendes Satinband für Schleifchen an Gläserstielen.

1. Die Stoffbänder mit der Zackenschere schräg schneiden. Mittig auf dem Teller überkreuzen und gerafft zwischen die Teller fließen lassen. Die Schale mit Wasser füllen und auf den Teller setzen. Den Rand mit Blättern auslegen. Die Blüten kurz abschneiden und in der Schale arrangieren.

2. Satinband als Schleifchen um die Gläserstiele binden. Die Servietten mit der linken Seite nach innen zum

Dreieck falten. Die offene Spitze soll nach oben zeigen. Die rechte und linke Ecke zur oberen Spitze umschlagen. Es entsteht ein Karo. Die obere Hälfte so nach hinten falten, dass wieder ein Dreieck entsteht.

3. Die Servietten auf die Teller setzen, indem man die äußeren Spitzen nach hinten richtet (siehe Seite 15).

TIPP

Zum Falten eignen sich am besten gestärkte Stoffservietten. Sie können aber auch Einmalservietten aus festem Vlies verwenden.

Spargel-Quiche

Zutaten für 1 Quiche- oder Pie-Form (28 cm ø):

je 250 g grünen und weißen Spargel, Salz

20 g Margarine

120 g Butterschmalz, 1 TL Salz

350 g Mehl

Fett und Mehl für die Form

1 Bd. Basilikum,

3 Eier

100 ml Sahne

100 ml Milch

75 g Kräuterfrischkäse, Pfeffer

1. Weißen Spargel schälen, vom grünen Spargel die Enden nachschneiden. In $^{1}/_{8}$ l Wasser mit Salz und Margarine 10 Minuten vorgaren.

2. Schmalz mit 150 ml Wasser im abgedeckten Topf zum Kochen bringen. Mehl mit Salz mischen, in die Mitte eine Kuhle graben und die Flüssigkeit hineinschütten. Mit einem Löffel das Mehl von innen nach außen einarbeiten. Teig gut durchkneten, in Folie verpackt 20 Minuten ruhen lassen. (Der Teig darf dabei nicht zu kalt oder trocken werden, da er sich sonst nur schlecht verarbeiten lässt.)

3. Basilikum waschen, trockentupfen und die Blättchen abzupfen. Eier, Sahne, Milch, Käse und Basilikum pürieren, mit Pfeffer würzen.

4. Backofen auf 200 Grad vorheizen. Die Form einfetten und mit Mehl ausstäuben.

5. Teig auf die Größe der Form ausrollen und die Form damit auslegen. Den Boden mehrfach einstechen. Spargel so kürzen, dass sich die Stangen sternförmig (Spitzen zur Mitte) in die Form legen lassen. Zwischenräume mit Spargelabschnitten füllen. Die Quiche mit der Basilikum-Sahne übergießen und im vorgeheizten Ofen (Umluft 180 Grad) etwa 30 Min. garen. Lauwarm oder kalt servieren.

Zubereitungszeit: ca. 1 Std.
Backzeit: ca. 30 Min.
Bei 12 Portionen ca. 268 kcal, 1,5 BE pro Portion

Roastbeef mit Möhrenkruste

1 (dickes) Bd. Möhren
1 (2) Bd. glatte Petersilie
1 (2) Knoblauchzehen
2 (2-3) EL Rôtisseur-Senf
4 (5) EL Keimöl
2-3 TL Salz, schwarzer Pfeffer
750 g (1 kg) Roastbeef mit Fettrand

1. Möhren schälen und grob zerkleinern. Petersilie waschen, trockentupfen, die Blättchen von den Stielen zupfen. Knoblauch schälen.

2. Möhren mit Petersilie, Knoblauch, Senf, 4 EL Öl, Salz und Pfeffer im Blitzhacker pürieren. Das Roastbeef

rundherum mit der Paste einstreichen. Ein großes Stück extra starke Alufolie auf der blanken Seite mit dem restl. Öl bepinseln. Das Roastbeef mitten auf die Folie setzen und diese fest verschließen.

3. Backofen auf 250 Grad vorheizen. Das Roastbeef in den heißen Backofen (Umluft 225 Grad) schieben. Nach 40 Min. Backofen ausschalten. Das Fleisch im heißen Ofen weitere 30 Min. ziehen lassen.

Zubereitungszeit: ca. 30 Min.
Garzeit: ca. 70 Min.
Pro Portion ca. 405 kcal, 0 BE

TIPP

Roastbeef sollte schön saftig und innen noch rosig sein. Mögen Sie es lieber gut durchgebraten, lassen Sie das Fleisch 45 Min. im Ofen, bevor Sie diesen abschalten.

Grilltomaten & Kräuterkartoffeln

6 (9) Kartoffeln (à ca. 150 g)
Öl, Kräutersalz
8 (12) mittelgroße Tomaten
100 (125) g Pflanzencreme mit Kräutern
6 (9) Stücke Alufolie

1. Alufolie-Stücke auf der blanken Seite leicht einölen und mit Kräutersalz bestreuen.

2. Kartoffeln unter fließend kaltem Wasser mit der Wurzelbürste gründlich abbürsten. Jede Kartoffel fest in ein Stück Folie einwickeln. Mit dem Roastbeef zusammen im vorgeheizten Ofen garen.

3. Tomaten waschen, am Stielansatz über Kreuz einschneiden. Nebeneinander in eine gefettete feuerfeste Form setzen.

4. Die Kartoffeln aus der Alufolie wickeln, der Länge nach halbieren und die Schnittflächen mit Kräutercreme bestreichen.

5. Die Tomaten unter dem heißen Backofengrill (auf 225 Grad schalten) 5 Min. übergrillen. Nach 2 Min. die Kartoffeln dazuschieben. Auf jede Tomate ein Stück Kräutercreme setzen und gleich servieren.

Zubereitungszeit: ca. 10 Min.
Backzeit (Kartoffeln): ca. 70 Min.
Pro Portion ca. 225 kcal, 2,8 BE

Erdbeer-Joghurt-Creme

500 (750) g Erdbeeren
2 (3) EL Orangensaft
75 (100) ml Orangenlikör
250 (375) g Quark 20% Fett
150 (200) g Joghurt
3 (4) EL Zucker
1 (gehäufter) TL abgeriebene Orangenschale
150 (200) g Löffelbiskuits
2 (3) EL Mandelblättchen

1. Erdbeeren waschen, putzen und je nach Größe halbieren oder vierteln. Mit Orangensaft übergießen und ziehen lassen. Löffelbiskuits mit dem Orangenlikör beträufeln.

2. Quark mit Joghurt, Zucker und Orangenschale glatt rühren. Mit etwas Orangenlikör aromatisieren.

3. Erdbeeren abtropfen lassen. Löffelbiskuits mit dem Saft beträufeln. Die Hälfte der getränkten Löffelbiskuits auf 4 (6) Teller verteilen. Die Hälfte der Erdbeeren darüber geben und mit der Hälfte der Creme bedecken. Schichtweise wieder Biskuits und Erdbeeren, zum Schluss die restliche Creme darauf verteilen.

4. Mandelblättchen in einer Pfanne ohne Fett rösten, abkühlen lassen und auf das Dessert streuen. Kalt stellen.

Zubereitungszeit: ca. 15 Min.
Pro Portion ca. 389 kcal, 2 BE

TIPP

Diabetiker können dieses Dessert ebenfalls genießen, wenn Sie die Menge Orangenlikör durch frisch gepressten Orangensaft ersetzen. Wollen Sie nicht auf den besonderen Geschmack verzichten, empfehle ich Ihnen zur Abrundung etwas Kirschwasser (2 cl). Den Zucker ersetzen Sie am besten durch flüssigen Süßstoff. Biskuitähnliches Gebäck als Ersatz für die Löffelbiskuits für Diabetiker ist im Handel erhältlich.

Babich
1996
SAUVIGNON BLAN
Hawkes Bay
PRODUCE OF NEW ZEALAND

Genuss wie im Süden

Mittelmeerküche ist nicht nur gesund. Sie ist ländlich-genussvoll und ungeheuer abwechslungsreich. Dazu gehört natürlich jede Menge Sonne! Tischen Sie draußen auf und heizen Sie Ihren Grill an. Danach fühlen Sie sich garantiert südlich beschwingt und einfach wie im Urlaub!
Ein würziger Weißwein aus Neuseeland ist das Tüpfelchen auf dem i.

Spaghetti mit Tomatensugo

•

Gegrillter Kabeljau im Kräutermantel mit Grillgemüse, Grüner Sauce und Baguette

•

Beeren-Cassata

Einkaufszettel

- Grillschalen
- 4 (6) Kabeljaufilets (à 150 g)
- 150 (200) g Spaghetti
- 750 g (1 kg) vollreife Fleischtomaten
- je 1 (2 kleine) rote, gelbe und orange Paprikaschote
- 2-3 (3-4) kleine Zucchini
- 1 (große) rote Zwiebel
- 1 (große) Aubergine
- 75 (100) g große eingelegte Weinblätter (Spezialitäten-Ecke)
- 50 (75) g Blattspinat
- 2 Bd. Basilikum
- je 1 Bd. Petersilie, Estragon, Schnittlauch, Dill, Thymian
- 100 (150) g gemischte Kräuter für Frankfurter Grüne Soße (z.B.Petersilie, Dill, Kerbel, Estragon, Borretsch, Zitronenmelisse)
- 2 (große) unbeh. Zitronen
- 150 g gemischte Beeren
- 4 (6) Eier
- 50 (75) g Sauerrahm (10 %)
- 100 (150) g Kräuterfrischkäse
- 250 g Quark 20 % Fett
- 150 g Naturjoghurt
- 100 g Sahne
- gehackte Pistazien
- Orangenlikör
- Tischwein: Sauvignon Blanc, Hawke's Bay Babich

Zeitplan

1 Woche vorher
Getränke und Dauerwaren nach Liste einkaufen.

Am Vortag
Restliche Einkäufe machen.
Getränke kalt stellen.
Tisch decken, Servietten knoten.
Deko herstellen.
Cassata zubereiten und kühl stellen.

Am Morgen
Cassata stürzen, anrichten und kühl stellen.

2 Std. vorher
Kabeljaufilets grillfertig vorbereiten.
Grüne Sauce zubereiten.
Grillgemüse vorbereiten.
Tomatensugo zubereiten.

1 Std. vorher
Gemüse grillen.

Während die Gäste da sind
Spaghetti kochen.
Gemüse anrichten.
Kabeljau grillen.

ROMANTISCHE WINDLICHTER UND GEKNOTETE SERVIETTEN

Die Tischdekoration ist denkbar einfach und trotzdem ausgesprochen effektvoll. Vor allem, wenn Sie im Garten oder auf dem Balkon grillen können, sorgen diese Windlichter für stimmungsvolle (Sommer-)Beleuchtung. Den Kies finden Sie, wenn nicht bereits im eigenen Garten, während eines Spaziergangs auf Wald- und Wiesenwegen oder an See- und Flussufern. Natürlich können Sie ihn auch sauber abgepackt im Baumarkt, Gartencenter oder Blumengeschäft kaufen.

Sie brauchen: 4 (6) Servietten (mind. 45 x 45 cm), 4-6 gläserne Töpfchen, farblich passend zu den Platztellern, 4-6 Kerzen, z.B. in Sonnenblumenform, feinen Kies.

1. Servietten zu einem schmalen Band falten. Dazu die Kanten leicht versetzt zusammenfalten. Beide Längsseiten jeweils zur Mitte hin einschlagen. Die Serviette nochmals mittig falten, sodass nur noch die Brüche, nicht aber die Kanten zu sehen sind. Zum Schluss einen Knoten in die Serviette binden.

2. Den Kies, wenn notwendig, verlesen und säubern. Die kleinen Glastöpfchen damit bis 2 cm unter den Rand füllen und eine Kerze hineinsetzen.

TIPP

Die Windlichter können Sie auch aus kleinen, hübschen Schraubgläsern selber basteln. Dazu brauchen Sie farbiges Transparentpapier aus dem Bastelladen in zum Geschirr passenden Farbtönen. Dieses außen mosaikartig auf die Gläser kleben, sodass die ganze Fläche abgedeckt ist. Wieder zu $^3/_4$ mit Kies auffüllen und ein Teelicht hineinsetzen. Luxuriös, aber hübsch: statt Kies Glassteinchen oder Murmeln (auch aus dem Bastelladen) einfüllen.

Spaghetti mit Tomatensugo

750 g (1 kg) vollreife Fleisch- oder Flaschentomaten
1 (2 kleine) rote Paprikaschote
1 (große) rote Zwiebel
3 (5) EL Olivenöl
1 (2) EL Tomatenmark
2 Zweige Thymian
150 (200) g Spaghetti
Salz
1 Bd. Basilikum
schwarzer Pfeffer
1/2 TL Zucker
Balsamico-Essig

1. Tomaten kreuzweise einritzen, mit kochendem Wasser überbrühen,

kurz ziehen lassen. Wenn die Schale aufspringt, die Tomaten häuten, Stielansatz wegschneiden und die Kernchen entfernen. Das Fruchtfleisch mittelfein würfeln.

2. Paprika waschen, längs in 4-6 Stücke teilen. Die weißen Kernchen und Zwischenwände sorgfältig entfernen (sie schmecken bitter). Eventuell mit einem Sparschäler dünn die Haut abschälen.

3. Zwiebel pellen und fein würfeln. In dem Olivenöl bei mittlerer Hitze glasig dünsten. Tomatenmark einrühren und einige Minuten mitdüns-

ten. Tomaten, Paprika und 1 Zweig Thymian zugeben. Bei mittlerer Hitze ohne Deckel unter gelegentlichem Rühren in ca. 20 Minuten dicklich einköcheln lassen.

4. In der Zwischenzeit Spaghetti in reichlich kochendem Salzwasser mit 1 EL Öl nach Packungsanleitung bissfest kochen. Abgießen und gut abtropfen lassen.

5. Kräuter waschen und trockenschütteln. Thymianblättchen von den Stielen streifen, Basilikum fein hacken. Sauce mit Kräutern, Salz, Pfeffer, Zucker und Balsamico pikant abschmecken und zu den Spaghetti reichen.

Zubereitungszeit: ca. 35 Min.
Pro Portion ca. 276 kcal, 2 BE

Gegrillter Kabeljau im Kräutermantel

- 1 (große) unbehandelte Zitrone
- 4 (6) frische Kabeljaufilets (à 150 g)
- Salz, Pfeffer
- je 1-2 Bd. Petersilie, Schnittlauch, Dill, Estragon und Basilikum
- 2 (3) Zehen Knoblauch
- 60 (90) ml Olivenöl
- 75 (100) g große eingelegte Weinblätter
- Grillschalen

1. Zitrone heiß abwaschen. Schale abreiben, Saft auspressen. Fischfilets waschen, mit Küchenkrepp trockentupfen mit Zitronensaft beträufeln, salzen und pfeffern.

2. Kräuter waschen, Blättchen mit geschältem Knoblauch, restl. Zitronensaft und 50 (75) ml Öl pürieren.

3. Fisch mit der Paste bestreichen. Weinblätter überlappend auslegen.

Jedes Filet in Weinblätter einwickeln. Weinblätter mit restl. Öl bestreichen. Auf Grillschalen mit etwas Abstand von der Glut ca. 12 Min. grillen, dabei einmal wenden.

Zubereitungszeit: ca. 30 Min.
Pro Portion ca. 287 kcal, 0 BE

Grillgemüse mit Grüner Sauce

Fürs Gemüse:
2-3 (3-4) kleine Zucchini
je 1 (2 kleine) gelbe und orange Paprikaschote
1 (große) Aubergine
3 (4-5) EL Olivenöl, Salz, Pfeffer
1-2 (2-3) EL Balsamico-Essig
1 gehackte Knoblauchzehe
1/2 Bd. Basilikum
Für die Grüne Sauce:
4 (6) hart gekochte Eier
2 (3) EL mittelscharfer Senf
50 (75) g Sauerrahm 10 % Fett
100 (150) g Kräuterfrischkäse
100 (150) g Kräuter für Frankfurter Grüne Soße (s. Einkaufsliste)
50 (75) g Blattspinat
schwarzer Pfeffer, 1 Prise Zucker
Grillschalen

1. Gemüse putzen und waschen. Zucchini längs halbieren. Paprikaschoten längs in Spalten, Aubergine in 1 cm dicke Scheiben schneiden. Auf Grillschalen legen, mit Öl einpinseln, salzen und pfeffern.

2. Gemüse auf jeder Seite 4-5 Min. grillen, bis es braun ist. Auf einer

Platte anrichten, Essig darüber träufeln, pfeffern, mit Knoblauch und Basilikumblättern bestreuen. Lauwarm servieren.

3. Eier trennen. Eigelb durch ein Haarsieb drücken. Mit Senf, Sauerrahm und Käse verrühren.

4. Kräuter und Spinat waschen, trockenschütteln. Kräuterblättchen abzupfen, fein hacken. Schnittlauch in feine Röllchen schneiden. Vom Spinat Stiele wegschneiden, ebenfalls fein hacken. Kräuter, Spinat und gehacktes Eiweiß unter die Sauce mischen und mit Salz, Pfeffer und Zucker abschmecken. Zum Grillgemüse servieren.

Zubereitungszeit: ca. 35 Min.
Pro Portion ca. 310 kcal, 0 BE

Beeren-Cassata

Zutaten für 6 Portionen:
250 g Quark 20 % Fett
150 g Naturjoghurt
100 g Sahne
1 Pck. Vanillezucker
3 EL Zucker
2 TL abgeriebene Zitronenschale
3 cl Orangenlikör
3 Blatt weiße Gelatine
150 g gemischte Beeren
3 EL gehackte Pistazien

1. Quark, Joghurt, Sahne, Vanillezucker, Zucker, Zitronenschale und Orangenlikör mit einem Handrührgerät auf der höchsten Stufe einige Minuten kräftig schlagen.

2. Gelatine 5 Min. in kaltem Wasser einweichen, dann tropfnass in einen kleinen Topf geben und bei milder Hitze auflösen.

3. 2 EL Quarkmasse in die aufgelöste Gelatine einrühren, unter ständigem Rühren in die Quarkmasse zurückgießen und kalt stellen.

4. Beeren putzen, verlesen und kurz waschen. Größere Früchte halbieren oder vierteln. Beginnt der Quark zu gelieren, die Beeren und 1 EL Pistazien unterheben.

5. Eine kleine Kastenform mit kaltem Wasser ausspülen. Quark einfüllen und mindestens 5 Std. im Kühlschrank fest werden lassen.

6. Cassata aus der Form stürzen (dazu die Form evtl. kurz in heißes Wasser tauchen) und mit Pistazien bestreuen. Evtl. mit einigen frischen Beeren garniert servieren.

Zubereitungszeit: ca. 20 Min.
Gelierzeit: ca. 5 Std.
Pro Portion ca. 205 kcal, 0,3 BE

TIPP

Diabetiker ersetzen den Orangenlikör am besten durch Orangensaft. Der Zucker lässt sich einfach durch flüssigen Süßstoff ersetzen. Die feine Vanillenote erreichen Sie mit Vanillepulver (im Naturkostladen erhältlich).

CARTE NOIRE
LES MAITRES VIGNERONS
DE SAINT-TROPEZ

Leicht und schnell

Sie lieben Gäste, möchten aber nicht den ganzen Tag in der Küche stehen? Mit diesem Menü sind Sie im Nu fertig. Das Dessert und die Deko lassen sich am Vortag zaubern. Die Kombination von Frucht mit Kräutern und Pikantem macht die schlichten Rezepte zur Überraschung. Ein lachsfarbener provenzalischer Rosé unterstreicht die südliche Note.

Fruchtiger Portulak-Salat

•

Hähnchenschenkel à la Provence mit Knusperkartoffeln und Ratatouille

•

Sommer-Tarteletts

Einkaufszettel

- Cross & Frit-Backpapier
- 4 (6) Hähnchenschenkel
- 60 (90) g luftgetrockneter Schinken
- 1 unbehandelte Zitrone
- 1 Netzmelone
- 6 (8) Aprikosen
- 100 (150) g Himbeeren
- 100 (150) g Portulak oder Brunnenkresse
- 1 (1,5) kg fest kochende Kartoffeln
- 1 (große) Aubergine
- 1 (2) gelbe Paprikaschote(n)
- 250 (350) g Zucchini
- 1 (große) Zwiebel
- 100 (150) g Brotaufstrich mit Rahm
- 1 Ei
- 1 große (plus 1 kleine) Dose geschälte Tomaten
- 20 (30) g Pinienkerne
- 4 (6) Platten TK-Blätterteig
- 4 (6) Kugeln Vanilleeis
- trockener Wermut
- Tischwein: Côtes de Provence „Carte Noire" von „Les Maîtres vignerons de Saint Tropez"

Zeitplan

1 Woche vorher
Getränke, TK- und Dauerwaren nach Liste einkaufen.
Serviettenringe und Deko herstellen.

Am Vortag
Restliche Einkäufe machen.
Getränke kalt stellen.
Tarteletts und Fleurons backen.
Ratatouille zubereiten, aber nicht ganz fertig garen.

Am Morgen
Tisch decken.
Portulak putzen, Salatsauce zubereiten.
Schinkenrosetten drehen.
Hähnchenschenkel vorbereiten.
Gemüse putzen.

2 Std. vorher
Melonenkugeln ausstechen.
Tarteletts belegen.

1 Std. vorher
Kartoffeln vorbereiten und luftdicht abdecken.

Während die Gäste da sind
Salat anrichten.
Hähnchen in den Ofen schieben, nach 20 Min. die Kartoffeln dazugeben. Ratatouille erhitzen.
Tarteletts anrichten.

RUSTIKALE SERVIETTENRINGE UND REISIGBÜNDEL

Diese Tischdekoration ist preiswert, leicht auch im Voraus zu basteln und hat eine tolle Wirkung. Das Material für die Bündel und Serviettenringe ist in jedem Garten oder beim Waldspaziergang zu finden. Nur den Bast müssen Sie kaufen. Sie sollten ihn farblich passend zu Tischdecke und Geschirr auswählen. Das Schöne an dieser effektvollen, allerdings etwas arbeitsaufwändigen Dekoration: Sie können sie immer wieder verwenden.

Sie brauchen: dünne Ästchen (z. B. von Weinreben), 1 Rosen- oder Rebschere, farbigen Bast, 1 Tafeltuch, 4 (6) Servietten

1. Schneiden Sie die Ästchen (am besten mit einer Reb- oder Rosenschere oder einer stabilen Haushaltsschere) in 5-6 cm lange Stücke. Entfernen Sie ggf. störende Seitentriebe.

2. Für die kleinen Reisigbündel binden Sie jeweils 4-6 Ästchen mit einem Stück Bast in der Mitte fest zusammen.

3. Für die Serviettenringe brauchen Sie etwas mehr Zeit. Schneiden Sie sich pro Ring ca. 25 Ästchen und zwei ca. 1,5 m lange Baststücke zurecht. Legen Sie beide Baststücke auf die Hälfte zusammen und kno-

ten Sie sie ca. 1 cm rechts und links vom Ende des ersten Ästchens so fest, dass an jeder Seite zwei gleich lange Baststücke hängen. Die restlichen Ästchen binden Sie mit Hilfe des Bastes eng an den ersten Ast. Sind alle Ästchen verarbeitet, ziehen Sie mit Hilfe des Bastes die Ästchen zum Ring zusammen. Überhängenden Bast schneiden Sie ab.

4. Um den Serviettenring zu vollenden, falten Sie die Serviette einmal auf die Hälfte. Dann legen Sie von den schmalen Enden her die beiden Seiten zur Mitte hin, sodass die Serviette nur noch ca. $^1/_3$ ihrer ursprünglichen Breite hat, und ziehen Sie durch den Serviettenring.

Fruchtiger Portulak-Salat

1/2 (1) Netzmelone
2 (3) EL trockener Wermut
1 EL grüner Pfeffer
Saft von Zitrone
100 (150) g Portulak oder Brunnenkresse
60 (90) g luftgetrockneter Schinken
1 EL Senf
1-2 (2) EL Öl
Salz, Pfeffer

1. Die Melone halbieren, Kerne mit einem Löffel herausheben. Mit einem

Kugelausstecher das Fruchtfleisch herauslösen. Wermut mit Pfeffer und Zitronensaft vermischen. Die Melonenbällchen in der Mischung ziehen lassen.

2. Portulak oder Brunnenkresse verlesen, waschen und auf einem Sieb abtropfen lassen. Schinkenscheiben mit Hilfe einer Gabel zu Rosetten drehen.

3. Melonenbällchen auf ein Sieb geben, den Saft abgießen, auffangen. Im Schüttelbecher mit Senf, Öl, Salz und Pfeffer zum Dressing mixen. Abschmecken.

4. Portulak oder Brunnenkresse, Melonenbällchen und die Schinken-

rosetten auf den Tellern anordnen. Kurz vor dem Servieren mit dem Dressing beträufeln.
Dazu passen Partybrötchen.

Zubereitungszeit: ca. 20 Min.
Pro Portion ca. 207 kcal, 0,8 BE

TIPP

Wenn Sie lieber eine vegetarische Vorspeise servieren, ersetzen Sie den Schinken entweder durch jeweils zwei Scheiben Ziegenkäse, oder Sie richten auf dem Salat pro Portion 1 TL geröstete Pinienkerne und zwei in Streifen geschnittene, in Öl eingelegte getrocknete Tomaten an.

Hähnchenschenkel à la Provence mit Knusper Kartoffeln

1 (gehäufter) EL getrocknete Kräuter der Provence
1 (1-2) EL Zitronensaft
75 (100) ml Olivenöl
4 (6) Hähnchenschenkel
1 (1,5) kg fest kochende Kartoffeln
Salz, Pfeffer
Paprikapulver edelsüß
20 (30) g Pinienkerne
Außerdem:
Cross & Frit Backpapier

1. Kräuter der Provence mit Zitronensaft und etwas Öl vermischen. Hähnchenschenkel heiß abwaschen, trockentupfen und mit dem Würzöl einpinseln, salzen und pfeffern.

2. Backofen auf 180 Grad vorheizen. Kartoffeln waschen, schälen, in dünne Scheiben hobeln.

3. Ein Backblech mit Backpapier auslegen. Die Hähnchenschenkel mit der flachen Seite nach oben darauf legen. Im heißen Backofen (Umluft 160 Grad) 20 Min. vorbraten. Aus dem Ofen nehmen und die Hähnchenschenkel wenden.

4. Kartoffeln abtropfen lassen, trockentupfen, mit restlichem Öl, Salz, Pfeffer und Paprika mischen. Dachziegelartig auf dem Blech verteilen und mit Pinienkernen bestreuen. Die Ofenhitze auf 200 Grad (Umluft 180 Grad) erhöhen und in 25 Min. gar backen.

Zubereitungszeit: ca. 20 Min.
Backzeit: ca. 45 Min.
Pro Portion ca. 482 kcal, 3,3 BE

Ratatouille

1 (große) Aubergine
1 (2) gelbe Paprika
250 (350) g Zucchini
1 (2) zerdrückte Knoblauchzehe(n)
1 (dicke) Zwiebel
2-3 EL Olivenöl
1 große Dose (plus 1 kleine) geschälte Tomaten
$^1/_2$ (1 gestrichenen) TL getr. Kräuter der Provence
Salz, Pfeffer, 1 Prise Zucker

1. Gemüse waschen. Von Zucchini Stiel- und Blütenansätze abschneiden, längs halbieren und in Dreiecke

schneiden. Paprika halbieren, Scheidewände und Kerne entfernen, erst in Streifen, dann in Dreiecke schneiden. Stiel von der Aubergine abschneiden. Aubergine längs halbieren und in Dreiecke schneiden.

2. Aubergine in Olivenöl ca. 4 Min. kräftig anbraten. Dann Zwiebeln

zufügen und noch 2 Min. braten. Paprika zugeben und unter Rühren weiterbraten.

3. Nach 3 Min. Tomaten mit Saft, Knoblauch, Salz, Pfeffer und Kräuter zufügen. Zugedeckt etwa 10 Min. bissfest schmoren. Abschmecken.

Zubereitungszeit: ca. 30 Min.
Pro Portion ca. 100 kcal, 0 BE

Sommer-Tartelettts

4 (6) Platten TK-Blätterteig
100 (150) g Brotaufstrich mit Rahm
1 (gehäufter) EL Zucker
1 Ei
1 Msp. Zitronenschale
6 (8) Aprikosen
100 (150) g Himbeeren
4 (6) Kugeln Vanille-Eis
Backpapier

1. Blätterteigplatten nebeneinander auftauen lassen. Ein Backblech mit Backpapier auslegen. Backofen auf 180 Grad vorheizen.

2. Aus den Blätterteigplatten je 2 Dreiecke ausschneiden, aufs Blech

legen. Von je einem Dreieck einen Rand abschneiden und auf das andere Dreieck legen. Ei trennen und die Ränder mit Eigelb einpinseln.

3. Die Tartelettts im vorgeheizten Ofen (Umluft 160 Grad) 15-20 Min. goldbraun backen.

4. Obst waschen. Die Himbeeren verlesen, die Aprikosen in feinen Spalten vom Stein schneiden. Restliches Eigelb mit Rahm-Brotaufstrich,

Zucker und Zitronenschale cremig rühren. Eiweiß zu Schnee schlagen und unterziehen. Alles auf den Tartelettts verteilen. Das Obst dekorativ auf der Creme verteilen.

5. Tartelettts mit einer Kugel Vanilleeis servieren. Dazu Kaffee oder Mocca reichen.

Zubereitungszeit: ca. 15 Min.
Backzeit: ca. 20 Min.
Pro Portion ca. 332 kcal, 2,9 BE

TIPP

Dieses unkomplizierte Dessert können Diabetiker für sich abwandeln, indem Sie das Vanille-Eis durch ein diabetikergeeignetes ersetzen. Süßen können Sie es mit flüssigem Süßstoff anstatt Zucker.

CABERNET SAUVIGNON
NORTH COAST
Elke

Vege-tarisch leicht

Wetten, dass hier keiner das Fleisch vermisst?
Mit italienischem Pfiff
wird Gemüse raffiniert aufgetischt.
Mal aromatisch eingelegt
in Mittelmeerkräuter und Balsamico-Essig,
mal pikant mit Feta auf der Pizza.
Gut bekömmlich wird's durch schonende
Garmethoden und die Gewürze.
Passend dazu: ein leichter Rotwein
aus Kalifornien.

Mariniertes Gemüse mit Pilzcreme

•

Vegetarische Pizza mit Tomaten-Minze-Salat

•

Charentais-Joghurt-Parfait

Einkaufszettel

- 250 (400) g kleine Champignons
- 2 (3) rote Paprikaschoten
- 1 (2 kleine) Lauchstange(n)
- 700 (900) g Blattspinat
- 500 (700) g kleine Zucchini
- 600 (800) g Flaschentomaten
- 2 (3) Frühlingszwiebeln
- 1 kleine (große) Schalotte
- 2 (3) Thymianzweige
- 1 Bd. Basilikum
- 1 Bd. Minze
- Zitronenmelisse
- 2 Zitronen
- 1 (1 ½) Charentais-Melone
- 150 (200) g Tomatenpüree
- 100 (150) g Sauerrahm (20 %)
- 300 (450) g Feta mit Kräutern
- 150 (200) g Naturjoghurt
- 1 Becher Sahne
- 1 (1 ½) kleine Dose(n) Mais
- Basilikum in Öl
- getrocknete Steinpilze
- 2-3 EL Sesamsamen
- Cognac
- Tischwein: Cabernet Sauvignon „Bonterra" der Mendocino County Fetzer Vineyards aus ökologischem Anbau

Zeitplan

1 Woche vorher
Getränke und Dauerwaren nach Liste einkaufen.
Dekoration besorgen und herstellen.
Pilzcreme zubereiten.

Am Vortag
Restliche Einkäufe machen.
Getränke kalt stellen.
Tisch decken.
Mariniertes Gemüse zubereiten.

Am Morgen
Spinat, Zucchini und Tomaten putzen.
Salatsauce zubereiten.
Tomatenpaste für Pizza zubereiten.
Melonenkugeln ausstechen, das restliche Melonenfleisch klein schneiden.
Parfait zubereiten und gefrieren lassen.

1 Std. vorher
Salat zubereiten, kalt stellen.
Pizza belegen (evtl. Partybrötchen backen).
Parfait in den Kühlschrank stellen.

Während die Gäste da sind
Mariniertes Gemüse anrichten.
Pizza in den Ofen schieben.
Dessert anrichten.

TONSCHERBEN, BAST, DEKORATIVE FRÜCHTE UND HÜLSENFRÜCHTE

Tonscherben, Obst, Hülsenfrüchte und schlichte Stumpenkerzen geben Ihrer Tafel eine natürliche, warme Stimmung ohne steife Festlichkeit. Unterstrichen wird das vom dekorativen Geschirr in warmen Erdtönen. Die Dekoration gibt's fast zum Nulltarif. Auf einer Holz- oder Steintischplatte kommt die Deko am besten zur Geltung.

Sie brauchen: größere und kleinere Tonscherben (z. B. von alten Blumentöpfen), verschiedene Sorten getrocknete Hülsenfrüchte (z. B. rote Linsen, Puylinsen, rote Kidney-Bohnen, Kichererbsen aber auch Wachtel-, Azuki- oder weiße Bohnen), einige Kumquats (oder kleine Aprikosen), dicke Stumpenkerzen, 1 mittelfeinen schwarzen, wasserfesten Farbstift, Bast, 4 (6) Servietten.

1. Die größeren Tonscherben werden als Untersetzer für die Kerzen verwendet. Auf die Mitte der Scherben tropfen Sie heißes Wachs und drücken dann die Kerze hinein.

2. Kleinere Tonscherben sind toll als Platzkarten. Schreiben Sie darauf die Namen Ihrer Gäste. Binden Sie um die zusammengelegten Servietten eine Schleife aus Bast. Verteilen Sie die Namensscherben auf dem gedeckten Tisch.

3. Ordnen Sie Tonscherbenkerzen, Kumquats, Hülsenfrüchte und restl. Tonscherben zu einem hübschen Arrangement auf dem Esstisch an. Sie können dazu einige Kumquats halbieren. Schaffen Sie einen Schwerpunkt – eine flächige Verteilung wirkt langweilig.

TIPP

Um Kalkränder von alten Blumentöpfen zu entfernen, legen Sie die Töpfe über Nacht in Essigwasser. Mit der Wurzelbürste und Schmierseife (notfalls mit Topfreiniger) nachreinigen.

Mariniertes Gemüse mit Pilzcreme

250 g (400 g) kleine Champignons
1 Zitrone, Salz
3 Pfefferkörner, 1 Lorbeerblatt
2 (3) Thymianzweige
1 Knoblauchzehe
1 (2) EL Olivenöl
2 (3) rote Paprikaschoten
1 (2 kleine) Lauchstange(n)
1 Bd. Basilikum
Für die Pilzcreme (120/170 g):
1 (2) EL getrocknete Steinpilze
1 kleine (große) Schalotte
80 (120) g Margarine

1. Pilze putzen. Zitrone auspressen. Knoblauch abziehen und pressen. Zitronensaft mit Knoblauch, 1 Tasse Wasser, Gewürzen und Olivenöl aufkochen. Ein Viertel der Pilze einlegen, aufkochen lassen, mit dem Schaumlöffel herausheben. Mit den restlichen Pilze ebenso verfahren.

2. Lauch putzen und unter fließendem Wasser gründlich waschen. In 1 cm dicke Scheiben schneiden, ca. 5 Min. im Pilzsud kochen.

3. Ganze Paprikaschoten waschen, unter dem Backofengrill rösten, bis die Haut Blasen wirft, dabei wenden. Kalt abschrecken und die Haut abziehen. Paprika in Spalten schneiden, Kerne und Stiele entfernen. Das Gemüse in einer Schüssel mit dem Pilzsud begießen und mind. 24 Std. ziehen lassen. Vor dem Essen mit Basilikumblättern anrichten.

4. Für die Creme Pilze fein zerstoßen. Schalotte abziehen, fein würfeln, in wenig Margarine glasig dünsten, Pilze kurz mitdünsten. Mit restl. Margarine verkneten, salzen, zwischen 2 Lagen Pergamentpapier etwa $^{1}/_{2}$ cm dick ausrollen und kalt stellen. Aus der Creme beliebige For-

men ausstechen und mit Pizzabrötchen oder Baguette zum Gemüse servieren.

Zubereitungszeit: ca. 40 Min. plus 24 Std. Marinierzeit
Pro Portion ca. 206 kcal, 0 BE

Vegetarische Pizza mit Feta und Sesamsamen

- 300 (450) g Weizenmehl (Type 1050)
- 1/2 (3/4) Pck. Trockenbackhefe
- 2 (3) EL Olivenöl, 1/2 (1) TL Salz
- Öl und Mehl fürs Blech
- 150 (210) g Tomatenpüree
- 100 (150) g Sauerrahm (20 %)
- Salz, Pfeffer
- 1 Msp. (1/2 TL) Basilikum in Öl
- 700 (900) g Blattspinat
- 500 (700) g kleine Zucchini
- 1 (1 1/2) kleine Dose(n) Mais
- 300 g (450 g) Feta mit Kräutern
- 2 (3) EL Sesamsamen

1. Mehl mit Trockenhefe vermischen. 200-220 ml Wasser zugeben und verrühren. Zum Schluss Öl und Salz zufügen, mit den Knethaken der Küchenmaschine bearbeiten, bis der Teig nicht mehr klebt. Teig mit Mehl bestäuben. Bei Zimmertemperatur in ca. 30 Min. bis zu doppelter Größe aufgehen lassen.

2. Ein Blech ölen und mit bemehlten Händen den Kloß zu einer großen, runden Platte flachdrücken. Rand etwas wulstig lassen. Backofen auf 200 Grad vorheizen.

3. Tomatenpüree mit Sauerrahm verrühren, mit Basilikum, Salz und Pfeffer würzen. Gleichmäßig auf dem Teig verstreichen.

4. Spinat waschen, verlesen, Stiele abzwicken und in kochendem Salzwasser 1-2 Minuten blanchieren. Abgießen und abtropfen lassen. Zucchini waschen, Enden abschneiden und in Scheiben schneiden. Mais abtropfen lassen.

5. Gemüse auf dem Boden verteilen. Fetawürfel und Sesamsamen darüber streuen. Im vorgeheizten Backofen

(Umluft 180 Grad) auf der untersten Schiene ca. 30 Min. backen.

Zubereitungszeit: ca. 1 Std.
Backzeit: ca. 30 Min.
Pro Portion ca. 662 kcal, 5 BE

TIPP

Machen Sie von dem Pizzateig etwas mehr und formen Sie daraus kleine Brötchen für die Vorspeise. Mit verquirltem Eigelb bestreichen, mit Sesamsamen bestreuen, bei 200 Grad (Umluft 180 Grad) ca. 20 Min. backen.

Tomaten-Minze-Salat

600 (800) g Flaschentomaten
2 (3) Frühlingszwiebeln
$^1/_2$ Bd. Minze
1-2 (3) EL Balsamico-Essig
1 Prise Zucker, Pfeffer
2-3 EL Öl (z. B. das Würzöl vom Feta)

1. Tomaten waschen, Stielansätze herausschneiden, Tomaten in Scheiben schneiden. Zwiebeln waschen, putzen und in Ringe teilen. Minze waschen, Blättchen abzupfen und hacken.

2. Für das Dressing Öl mit Balsamico, Zucker, Salz und Pfeffer mischen,

Tomaten mit Zwiebeln und Minze darin ziehen lassen. Zur Pizza reichen.

Zubereitungszeit: ca. 5 Min.
Pro Portion ca. 101 kcal, 0 BE

Charentais-Joghurt-Parfait

- 1 (1 ½) Charentais-Melone
- 2 (3) EL Zitronensaft
- 2 (2-3) EL Puderzucker
- 1 (1-2) EL Cognac
- 150 (200) g Naturjoghurt
- 75 (100) g Sahne
- Dekoration: Zitronenmelisse,
- evtl. Kumquats zum Garnieren

1. Melone halbieren, Kerne entfernen und das Fruchtfleisch zunächst mit einem Kugelausstecher, den Rest

mit einem Löffel herauskratzen. Die schönsten Melonenkugeln mit der Hälfte Zitronensaft beträufeln und kalt stellen. Das übrige Fruchtfleisch sollte etwa 200 g wiegen. Melonenschalen nochmals halbieren, dann abdecken und kalt stellen.

2. Puderzucker in eine Schüssel sieben. Cognac, Zitronensaft und die 200 g Melone zugeben, pürieren und den Joghurt unterziehen.

3. Sahne steif schlagen und unterheben. Die Masse in eine Sorbetière mit etwa 1 l Fassungsvermögen füllen und etwa 1 Std. gefrieren lassen. (Oder in einer flachen Schale im Gefrierschrank gefrieren lassen. Dabei öfter durchrühren).

4. Etwa 1 Std. vor dem Essen das Parfait zum Antauen in den Kühlschrank stellen. Dann zu Bällchen formen, mit den übrigen Melonenbällchen auf den Melonenvierteln anrichten. Mit Zitronenmelisse und Kumquats oder beliebigen, anderen Früchten garnieren.

Zubereitungszeit: ca. 45 Min.
Gefrierzeit: ca. 1 Std.
Pro Portion ca. 211 kcal, 1,2 BE

TIPP

Diese relativ kalorienarme Nachspeise ist im Handumdrehen für Diabetiker geeignet. Sie müssen lediglich den Puderzucker durch flüssigen Süßstoff ersetzen.

Einfach ländlich

Viel marktfrisches Gemüse und Obst ergänzen den schlichten Seelachs und das Filet. Die Zubereitung ist schlicht und einfach – aber raffiniert. Ein Festmenü nicht nur für Fans der ländlichen Küche. Bieten Sie Ihren Gästen zum Fisch einen leichten Weißwein aus der Toskana. Mit dem pikanten Paprikagemüse harmoniert dagegen ein würziger Chianti besser.

Seelachs-Rucola-Mousse mit Tomaten-Vinaigrette

•

Mariniertes Schweinefilet auf Paprika, Polentagratin

•

Rotweinpflaumen auf Zitronenrahm

Einkaufszettel

- 250 (350) g Seelachs
- 750 g (1 kg) Schweinefilet
- 800 g (1 kg) Pflaumen oder Früh-Zwetschgen
- 2 Zweige Thymian
- 50 (75) g Rucola
- 2 (3) Tomaten
- je 2 (3) rote und gelbe Paprikaschoten
- 1 Gemüsezwiebel
- 1 Schalotte
- 2 unbehandelte Zitronen
- 150 (200) g Sauerrahm 10% Fett
- 1 Becher Crème fraîche
- 400 (500) g Schichtkäse
- 200 (275) g Sahne
- 40 (50) g Parmesan
- 160 (200) g Maisgrieß
- Ajvar (Paprikamus)
- Stangenzimt
- Tischweine: Pomino Bianco, Castello di Pomino aus der Toscana
  Castello di Nipozzano Chianti Rufina Riserva

Zeitplan

1 Woche vorher
Getränke und Dauerwaren nach Liste einkaufen.
Sets und Servietten färben und nähen.
Gläschen für die Blumen färben.

Am Vortag
Restliche Zutaten einkaufen.
Seelachs-Rucola-Mousse und Vinaigrette (ohne Tomaten) zubereiten, getrennt aufbewahren.
Rotweinpflaumen kochen.
Tisch decken (ohne Blumen).

Am Morgen
Hauptspeise so weit zubereiten, dass Fleisch und Polentagratin nur noch in den Ofen müssen.
Zitronencreme fürs Dessert kochen.
Tischdeko fertig stellen.

1 Std. vorher
Tomaten unter die Vinaigrette ziehen. Vorspeise anrichten, abdecken.
Sahne unter Zitronencreme ziehen.

Während die Gäste da sind
Fleisch und Gratin in den Ofen schieben. Dessert anrichten.

Gefärbte Servietten & Sets und Mini-Blumenvasen

Mit einfachen Zutaten lässt sich die Tafel raffiniert decken: Ein ausgedientes Laken wird zu farbenfrohen Servietten, die Sie auch als Set benutzen können. Die bunten Glasröhrchen – ebenfalls Sammelgut – erinnern an zarte Väschen der 50er Jahre. Vorteil: Sie brauchen auf der Tafel nicht viel Platz. Alles in allem: Eine preiswerte und wieder verwendbare Pracht!

Sie brauchen: 1 altes Bettlaken, 1 Packung Textilfarbe für die Waschmaschine, 1 kg Salz, 4 (6) alte Reagenzgläschen oder Glasröhrchen von Vanilleschoten, Sprühfarbe, passend zur Textilfarbe, Steckschwamm, 4 (6) Blütenstiele, etwas farbigen Bast

1. Bettlaken (aus reiner Baumwolle) mit der Farbe nach Vorschrift auf der Packung einfärben. Daraus 8 (12) Servietten bzw. Sets in den Maßen 40 x 40 cm schneiden und säumen.

2. Stecken Sie die Gläschen zum Färben mit einem Stäbchen oder Stift auf einen Klotz oder Eierkarton und sprühen Sie sie rundherum mit Farbe an. Farbe trocknen lassen.

3. Wässern Sie den Steckschwamm und drücken Sie die Gläschen mit der offenen Seite durch den Schwamm. Binden Sie aus Bast eine Schleife oben ums Glas. Dann kann

die Dekoration nicht über den Tisch rollen. Nun können Sie in jedes Röhrchen einen Blütenstiel geben, ohne dass er gleich welkt. (Hier im Bild das haltbare, dekorative Johanniskraut.)

4. Die Serviette wird ganz einfach gefalten. Legen Sie die Serviette auf die Hälfte zusammen, dann schlagen Sie die beiden kurzen Seiten jeweils zu etwa $^{1}/_{3}$ zur Mitte hin ein.

TIPP

Wenn Sie die Sets/Servietten schon vor dem Färben nähen, verwenden Sie Baumwollgarn, denn Synthetik nimmt die Farbe nicht an.

Vorspeise

Seelachs-Rucola-Mousse mit Tomaten-Vinaigrette

- 250 (350) g Seelachsfilet
- 2 TL (1 EL) Zitronensaft, Salz
- 50 (75) g Rucola
- 100 (150) ml süße Sahne
- 50 (75) g Crème fraîche
- 2 TL (1 EL) gewürfelte Schalotten
- 1/2 (1) zerdrückte Knoblauchzehe
- Backpapier und Öl für die Form

Für die Tomaten-Vinaigrette:

- 2 (3) Tomaten
- Salz, weißer Pfeffer
- 3 (4-5) EL milder Rotweinessig
- 50 (75) ml Olivenöl

1. Fisch mit Zitronensaft beträufeln, salzen, würfeln und anfrieren. Rucola putzen und klein schneiden.

2. Fisch mit Rucola, Sahne und Crème fraîche pürieren. Schalotte und Knoblauch unterziehen.

3. Backofen auf 170 Grad vorheizen. Auflaufform mit leicht geöltem Backpapier auslegen, dabei so viel überhängen lassen, dass die Farce damit bedeckt werden kann. Farce einfüllen und mit überhängendem Papier abdecken.

4. Form ins tiefe Blech mit fingerhoch kochendem Wasser setzen. Im heißen Backofen (Umluft 150 Grad) 35 Min. garen. Über Nacht im Kühlschrank ruhen lassen.

5. Tomaten mit kochendem Wasser überbrühen, häuten. Kernchen entfernen und Fruchtfleisch würfeln.

6. Salz und Pfeffer mit Essig so lange verrühren, bis das Salz gelöst ist. Öl und Tomatenwürfel zugeben.

7. Vinaigrette-Spiegel auf Dessertteller geben. Mousse stürzen, in Scheiben schneiden und auf der Vinaigrette anrichten. Mit Ciabatta oder Baguette servieren.

Zubereitungszeit: ca. 25 Min.
Backzeit: ca. 35 Min.
plus Ruhezeit über Nacht
Pro Portion ca. 291 kcal, 0 BE

Mariniertes Schweinefilet auf Paprika

- 750 g (1 kg) Schweinefilet
- 1 EL Öl, 1 TL Senf
- 2 (3) EL Sojasauce, Pfeffer
- 1 Msp. gemahlene Nelken
- 2 (3) EL Ajvar (Paprikamus)
- 1 (2) EL milder Rotweinessig
- je 2 (3) rote und gelbe Paprika
- 1 Gemüsezwiebel
- 2 Zweige Thymian
- Salz, Paprikapulver
- Pflanzenfett zum Braten

1. Fleisch von Sehnen und Häutchen befreien. Aus Öl, Sojasauce, Pfeffer, Nelken, Senf, Essig und Ajvar eine Marinade rühren und das Filet rund-

um damit einstreichen. Abgedeckt ca. 1 Std. kühl ziehen lassen.

2. Paprikaschoten waschen, in dekorative, größere Stücke schneiden, dabei Kernchen und Trennhäute entfernen. Zwiebel schälen und in Ringe schneiden. Thymian waschen.

3. Backofen auf 200 Grad vorheizen. Filet in wenig heißem Fett von allen Seiten anbraten, aus der Pfanne nehmen und im gleichen Fett Zwiebel und Paprika anbraten, mit Salz

und Paprika würzen. Das Fleisch auf das Gemüse setzen. Die restliche Marinade zugeben und den Deckel auflegen. Das Fleisch im heißen Ofen (Umluft 180 Grad) 30-35 Min. garen.

Zubereitungszeit: ca. 25 Min.
Garzeit: ca. 35 Min.
Pro Portion ca. 400 kcal, 0 BE

POLENTAGRATIN

600 (750) ml Gemüsebrühe
160 (200) g Maisgrieß (Polenta)
400 (500) g Schichtkäse
150 (200) g Sauerrahm 10 % Fett
Salz, Pfeffer, Muskatnuss
50 (40) g frisch geriebener Parmesan
10 (15) g Margarine

1. Gemüsebrühe zum Kochen bringen, unter ständigem Rühren den Maisgrieß einrieseln lassen. Unter gelegentlichem Umrühren etwa 10 Min. dick kochen. Eine Kastenform fetten, Polenta hineingeben, glatt streichen. Kalt werden lassen.

2. Schichtkäse mit Sauerrahm, Salz, Pfeffer, etwas Muskatnuss und 20 (25) g Parmesan mischen. Polenta stürzen und in Scheiben schneiden.

3. Polentascheiben im Wechsel mit der Käsemasse in eine gefettete Auflaufform schichten. Mit dem übrigen Parmesan und Margarine-

flöckchen garnieren. Im heißen Backofen etwa 20 Min. goldgelb überbacken.

Zubereitungszeit: ca. 40 Min.
Backzeit: ca.20 Min.
Pro Portion ca. 356 kcal, 2 BE

Tipp: Wenn Sie 500 g gehäutete Tomaten in Scheiben dazwischenschichten, haben Sie ein vegetarisches Hauptgericht für den Alltag.

Rotweinpflaumen mit Zitronenrahm

800 g (1 kg) Pflaumen oder Früh-Zwetschgen

100 ml ($^1/_8$ l) Rotwein

1 EL Zucker

1 Stück Stangenzimt

Saft von 1 Zitrone

2 (2 $^1/_2$) EL Zucker

1 (gehäufter) TL Speisestärke

1 TL abgeriebene Zitronenschale

100 (125) ml Sahne

1. Die Pflaumen waschen, halbieren und entsteinen. In zwei oder drei kleineren Partien mit Rotwein, Zucker und der Zimtstange bei kleiner Hitze 2-3 Min. weich dünsten, abkühlen lassen.

2. Zitronensaft mit Wasser auf 100 (125) ml auffüllen, mit Zucker verrühren. Die Stärke mit 2 EL Wasser anrühren. Zitronensaft zum Kochen bringen, Stärke einrühren, und aufkochen lassen. Die Zitronenschale untermengen und die Creme abgedeckt kalt stellen.

3. Sahne steif schlagen und vorsichtig unter die kalte Zitronencreme ziehen. Die Pflaumen samt Sud auf Desserttellern anrichten. Jeweils mit einem Klecks Zitronenschaum dekorieren.

Zubereitungzeit: ca. 45 Min.
Pro Portion ca. 299 kcal, 2,3 BE

TIPP

Als Diabetiker sollten Sie beim Rotwein eine trockene Sorte vorziehen. Zum Dünsten der Pflaumen (siehe 1.) verwenden Sie am besten einen EL Fruchtzucker. In Schritt zwei der Zubereitung ersetzen Sie einfach die 2 EL Zucker (bzw. 2 1/2 für 6 Pers.) durch flüssigen Süßstoff. Wer darüber hinaus das Fett reduzieren möchte, mischt statt der süßen Sahne die gleiche Menge Schmand unter die Zitronencreme.

HERBST-LICH RUSTIKAL

Suchen Sie ein herbstliches Menü?
Voilà, hier ist es!
Eine gemüsige Vorspeise, viele Kräuter
zum Fleisch, Karotten
im Kartoffelbrei und Obst im Dessert.
Erntedank schwebt üppig über Küche
und Tafel und zeigt sich auch in der
Dekoration aus Gemüse.
Der lebhafte Weißwein aus Kalifornien
ist dieser Üppigkeit gewachsen.

Gemüse-Carpaccio

•

Kalbs-Kräuterröllchen in Rahm mit Möhren-Kartoffelpüree

•

Clafoutis mit Trauben, Walnüssen und Äpfeln

Einkaufszettel

- 4 (6) dünne Kalbsschnitzel
- 250 (350) g Möhren
- 750 g (1 kg) fest kochende Kartoffeln
- 1 (großer) Zucchino
- 100 (150) g Champignons
- 50 (75) g schwarze Oliven ohne Stein
- 4 Eier
- 250 (330) ml Buttermilch
- 100 ml Sahne
- 75 (100) g Kräuterfrischkäse
- 10 (25) g frisch geriebener Parmesan
- 50 (75) g Käse in Locken (z.B. Tête de Moine oder Sprinz)
- 2 (3) Stiele Zitronenthymian
- je 1 (dickes) Bund Basilikum, glatte Petersilie, Schnittlauch
- $^1/_2$ (1) unbehandelte Zitrone
- 500 g kernlose Weintrauben
- 2 rotschalige Äpfel
- 100 g frische Nüsse
- 50 (60) g gemahlene Mandeln
- 1 unbehandelte Orange
- Calvados
- Weißwein
- Tischwein: Semillon vom Château Ste. Michelle aus dem Columbia Valley

Zeitplan

1 Woche vorher
Getränke und Dauerwaren nach Liste einkaufen.

Am Vortag
Restliche Einkäufe machen.
Getränke kalt stellen.
Deko herstellen. Tisch decken.
Dressing für Carpaccio zubereiten.

Am Morgen
Kräutermasse für die Kalbsröllchen zubereiten.
Fleischröllchen vorbereiten, abgedeckt kühl stellen.
Möhren putzen und raspeln.

2 Std. vorher
Zucchini und Pilze fürs Carpaccio schneiden, anrichten und mit Dressing beträufeln.

1 Std. vorher
Clafoutis zubereiten.
Fleisch braten.

Während die Gäste da sind
Kartoffeln aufsetzen, Kartoffelpüree zubereiten.

Gesteck aus Gemüse und Blüten

Das Gesteck kann gut einen Tag im Voraus gesteckt werden und wirkt besonders zum Erntedank-Essen. Das i-Tüpfelchen dazu sind: Serviettenringe aus Holz in Form von Gemüse (Haushalts-Boutiquen, ca. 3 DM pro Stück), in denen selbst Papierservietten edel wirken. Wenn Ihr Haushalt noch nicht ganz komplett ist, können Sie statt eines Tafeltuches Nessel verwenden. Nessel gibt es preiswert im Stoffgeschäft oder in der Stoffabteilung im Kaufhaus. Sie müssen den Stoff nur waschen, nicht bügeln oder säumen. Lassen Sie den Stoff weit über die Tischplatte hängen und binden Sie ihn an den Tischecken zu einem dekorativen Knoten.

Für das Gesteck brauchen Sie:
1 Stück Steckschwamm, einige Blüten (z. B. Sonnenblumen, Astern, Mohn oder Kornblumen), einige dekorative Blätter, Gemüse (z. B. kleine Kartoffeln, Möhren, Maiskolben und (rote) Zwiebeln), Holzstäbchen (z. B. Schaschlikspieße), Bindedraht, eine Schüssel oder flache Form, 1 Stück Nessel (ca. 80 x 80 cm).

1. Stecken Sie das Gemüse auf Holzspießchen. Blüten und Blätter können Sie mit Bindedraht stabilisieren. Im bunten Wechsel Blumen, Blätter und Gemüse in den Schwamm

stecken, dabei darauf achten, dass der Schwamm ganz verdeckt ist.

2. Eine flache Form in Nessel einschlagen, den Stoff hübsch zurechtzupfen. Bevor Sie das Gesteck hinein setzen, können Sie den Nessel mit einer Schleife aus einem bunten Geschenkband an der Form fixieren.

TIPP

Wenn Sie eine schöne Schale für das Gesteck haben, können Sie den Steckschwamm auch direkt hineingeben. Der Nessel kaschiert nur umfunktionierte hässliche Behälter.

Gemüse-Carpaccio

1 (großer) Zucchino
50 (75) g schwarze Oliven ohne Stein
100 (150) g Champignons
2 (3) Stiele Zitronenthymian
1-2 (2-3) EL Rotweinessig
Salz, geschroteter Pfeffer
3 (4-5) EL Olivenöl
50 (75) g Tête de Moine, in Locken gehobelt
(Ersatz: Parmesan oder Sbrinz)

1. Zucchino waschen, Blüten- und Stielansätze wegschneiden. Zucchino in dünne Scheiben schneiden.

Oliven in schmale Ringe teilen. Champignons mit einem Küchentuch abreiben, putzen und fein blättrig schneiden. Thymian waschen, trockenschütteln und die Blättchen abzupfen.

2. Salz und etwas Pfeffer mit Essig so lange verrühren, bis sich das Salz gelöst hat. Olivenöl und Thymian unterrühren.

3. Den Käse auf der groben Seite der Haushaltsreibe hobeln. Die Käselocken, Zucchini- und Champignonscheiben auf Tellern anrichten und

mit den Olivenringen bestreuen. Mit dem Thymiandressing beträufeln und 10 Min. ziehen lassen.

Zubereitungszeit: ca. 20 Min.
Pro Portion ca. 177 kcal, 0 BE

TIPP

Statt Käse können Sie auch hauchdünn geschnittenen, luftgetrockneten Schinken (z.B. Jamon Serrano oder Parmaschinken) verwenden. Sollten Sie keinen Zitronenthymian bekommen, geben Sie zusätzlich zum Thymian 1 Messerspitze abgeriebene Zitronenschale an das Dressing.

Kalbs-Kräuter-Röllchen in Rahm

je 1 (dickes) Bund Basilikum, glatte Petersilie und Schnittlauch
2 (3) Knoblauchzehen
$^1/_2$ (1) unbehandelte Zitrone
50 (60) g gemahlene Mandeln
1 (gehäufter) EL frisch geriebener Pecorino oder Parmesan
75 (100) g Kräuterfrischkäse
4 (6) dünne Kalbsschnitzel (à ca. 150 g)
Pfeffer, Salz
Pflanzencreme zum Braten
100 (150) ml Weißwein

1. Kräuter waschen, Blättchen abzupfen, Schnittlauch in sehr feine Röllchen schneiden. Knoblauch schälen. Zitronenschale abreiben und Saft auspressen. Kräuter (außer Schnittlauch), Knoblauch, Zitronensaft und -schale mit den Mandeln pürieren. Pecorino, Schnittlauch und 1 EL Frischkäse unterziehen.

2. Schnitzel klopfen, in vier Teile schneiden, pfeffern, mit der Kräuter-

paste bestreichen, von der schmalen Seite her aufrollen und fixieren.

3. Röllchen in heißem Fett anbraten, salzen. Wein angießen und das Fleisch mit Deckel ca. 25 Min. garen.

4. Das Fleisch aus dem Bräter heben. Die Rouladennadeln entfernen und die Röllchen warm stellen. Restlichen Frischkäse in den Fond rühren und die Sauce mit Salz, Pfeffer und Zitrone pikant abschmecken.

Zubereitungszeit: ca. 40 Min.
Pro Portion ca. 369 kcal, 0,1 BE

Möhren-Kartoffelpüree

750 g (1 kg) fest kochende Kartoffeln
Salz
ca. 250 (330) ml Buttermilch
250 (350) g Möhren
1 (1-2) EL Olivenöl
Muskatnuss, frisch gerieben

1. Die Kartoffeln schälen und in Salzwasser gar kochen. Abgießen, ausdampfen lassen und heiß durch die Presse drücken oder zerquetschen.

2. Die Buttermilch erhitzen. Kartoffelschnee mit Buttermilch glatt rühren. Möhren waschen, schälen und fein raspeln. Raspel in heißem Olivenöl kurz andünsten und salzen. Kartoffelpüree mit den Möhren ver-

rühren und mit Salz und Muskat abschmecken.

Zubereitungszeit: ca. 50 Min.
Pro Portion ca. 204 kcal, 2,6 BE

TIPP

Üblicherweise werden für Kartoffelpüree mehlig kochende Kartoffelsorten verwendet. Bei fest kochenden Sorten wird die Konsistenz aber lockerer. Verwenden Sie nie Pürierstäbe oder Handrührgeräte zum pürieren! Sie erhalten sonst eine kleistrige Masse.

Clafoutis mit Trauben, Walnüssen und Äpfeln

Zutaten für 8 Personen:

500 g kernlose Weintrauben
2 rotschalige Äpfel
100 g frische Nüsse (wahlweise Hasel- oder Walnüsse)
4 Eier, 4 EL Zucker
1 EL abgeriebene Orangenschale
50 g Mehl
100 ml süße Sahne
1 EL Calvados
Fett für die Form
Puderzucker zum Bestreuen

1. Trauben waschen und von den Stielchen zupfen. Äpfel waschen, vierteln und das Kerngehäuse entfernen. Viertel in nicht zu dünne Spalten schneiden. Die Nüsse grob hacken.

2. Eier, Zucker und Orangenschale cremig rühren. Zum Schluss das

Mehl unterrühren. Dann Sahne und Calvados einrühren, sodass ein zähflüssiger Teig entsteht.

3. Den Backofen auf 180 Grad vorheizen. Eine kleine, flache Pieform (ø 20 cm) einfetten. Teig in die Form

gießen und glatt streichen, Obst und Nüsse dekorativ darauf verteilen. Auf der mittleren Schiene im heißen Ofen etwa 35 Minuten backen. Aus dem Ofen nehmen und abkühlen lassen. Mit Puderzucker bestreut warm oder kalt servieren. Dazu passt angeschlagene Sahne.

Zubereitungszeit: ca. 20 Min.
Backzeit: ca. 35 Min.
Pro Portion ca. 226 kcal, 3,3 BE

TIPP

Diabetiker können dieses Dessert mit Zwetschgen statt Weintrauben zubereiten. Dann ergibt es pro Portion 2,5 BE. Süßen Sie es am besten mit flüssigem Süßstoff anstatt Zucker.

Dessert

RAFFINIERT & WAIDMÄNNISCH

Im Spätherbst hat Wild Saison. In diesem Menü haben wir deftigen Wildschweinbraten klassisch mit Rotkraut und raffinierten Klößen kombiniert. Damit das Menü nicht zu üppig wird, gibt es eine leichte Vorspeise und ein fruchtiges Dessert. Zu Wild passt ein charaktervoller Rotwein am besten.

PILZESSENZ MIT PESTO-HERZEN

•

WILDSCHWEINBRATEN MIT ROTKRAUT, KLÖSSCHEN SÜSSSAUER

•

FRUCHTIGE WEINCREME

Einkaufszettel

- 750 g (1 kg) Wildschweinbraten oder -rollbraten
- 6-8 (9-12) Trockenpflaumen
- 2 (3) kleine weiche Butterbirnen
- 1 (dicker) säuerlicher Apfel
- 150 (250) g kleine (blaue) Trauben
- 1/2 unbehandelte Orange
- 1 unbehandelte Zitrone
- 750 g (1 kg) Rotkohl
- 500 (750) g Champignons
- 3 g getrocknete Steinpilze
- 3 kleine (größere) Zwiebeln
- 50 (75) g Rahm-Brotaufstrich
- 50 (75) ml süße Sahne
- 2 (3) Eier
- 100 (150) g TK-Blätterteig
- 1 (1 1/2) Packung Kartoffelklöße halb und halb für 4 Port.
- 10 (15) g Reis
- 2 (3) EL Pesto (Glas)
- 1 Stängel Thymian
- 0,33 l (0,5 l) Malzbier
- 50 (75) ml weißer Traubensaft
- Sherry dry
- lieblicher Weißwein
- Bratschlauch
- Tischwein: Châteauneuf du Pape rouge vom Château Mont-Redon/Rhônetal

Zeitplan

1 Woche vorher
Getränke, TK- und Dauerwaren nach Liste einkaufen.
Pesto-Herzen zubereiten und in einer Blechdose aufbewahren.

Am Vortag
Restliche Einkäufe machen.
Getränke kalt stellen, Tisch decken.
Pilze vorbereiten, über Nacht ziehen lassen.
Fleisch in der Beize einlegen.
Dessert zubereiten und kühlen.

Am Morgen
Pilzmus aufsetzen.

2 Std. vorher
Pilzessenz durchseihen.
Rotkohl hobeln.
Kloßmehl quellen lassen, Klöße formen und abdecken.

1 Std. vorher
Fleisch braten. Rotkohl dünsten.
Bratensaft einkochen.

Während die Gäste da sind
Pilzessenz abschmecken und mit Pesto-Herzen anrichten. Klöße kochen. Bratensaft und Rotkraut abschmecken.

TischGirlanden & Brotkörbchen aus Servietten

Gehen Sie bei der Tischdekoration mit vielen Lichtern gegen das graue Wetter im Spätherbst an! Die große Girlande für die Tischmitte ist aus einer langen Stoffbahn, bunten Bändern, Efeuranken und einer kleinen Lichterkette (vom Weihnachtsschmuck) gemacht. Sie kann leicht schon am Vorabend gebastelt werden. Kleine metallene Windlichter machen die stimmungsvolle Tischdekoration komplett.

Sie brauchen: einen langen Streifen gelben Stoff, bunte Geschenkbänder, Kordeln, 1 Lichterkette, lange und kurze Efeuranken, je 4 (6) gelbe und grüne Servietten

1. Für die Brotkörbchen (für die Pesto-Herzen) je eine gelbe Serviette auf eine grüne legen. Alle Ecken zur Mitte falten.

2. Die Servietten wenden, die Ecken wieder zur Mitte hin falten und nochmals wenden.

3. Zum letzten Mal die Ecken nach innen einklappen. Das Brotkörbchen mit der Hand vorsichtig ausweiten.

4. Für den Tischschmuck die lange Stoffbahn in sich etwas verdrehen. Die Efeuranken, die Bänder und die Lichterkette drum herum wickeln und auf der Tischmitte arrangieren.

Die einzelnen Gedecke können Sie mit Efeublättern oder kurzen kleinblättrigen Ranken verzieren.

TIPP

Haben Sie keinen Efeu im Garten oder im benachbarten Wald? In Gartencentern und Kaufhäusern gibt es fast echt aussehenden künstlichen Efeu. Verwenden Sie ihn für die große Girlande (dann können Sie diese auch schon ein paar Tage vorher fertig stellen) und kaufen Sie ein Töpfchen Efeu, um die Gedecke zu schmücken.

Pilzessenz mit Pesto-Herzen

- **500 (750) g frische Champignons**
- **$^1/_2$ ($^3/_4$) TL Salz**
- **3 g getrocknete Steinpilze**
- **1 kleines (großes) Lorbeerblatt**
- **2 (3) Pimentkörner**
- **1 Stängel Thymian**
- **3 (5) Pfefferkörner**
- **600 (750) ml Gemüsebrühe**
- **1 (2) cl Sherry dry**

Für die Herzen:

- **100 (150) g TK-Blätterteig**
- **2 (3) EL Pesto (aus dem Glas)**

1. Champignons abreiben, nur bei starker Verschmutzung waschen, Stiele nachschneiden. Pilze fein hobeln. Getrokknete Pilze zerbröseln. Pilze mit Salz vermischen und mit einem Tuch abdecken. Über Nacht an einem kühlen Ort ziehen lassen. (Nicht in den Kühlschank stellen, sondern auf den Balkon oder in einen ungeheizten, kühlen Raum.)

2. Für die Herzen Backofen auf 200 Grad vorheizen. Blätterteig nach Packungsanweisung auftauen, leicht ausrollen. Pesto darauf streichen. Jeweils eine Breitseite bis zur Mitte einrollen, dann die gegenüberliegende Seite ebenfalls bis zur Mitte rollen. In etwa 1 cm breite Scheiben schnei-

den. Backblech mit Backpapier auslegen und die Pesto-Herzen darauf verteilen. Ca. 20 Minuten im heißen Ofen (Umluft 180 Grad) backen, bis sie beginnen, braun zu werden. Etwas abkühlen lassen, vom Blech nehmen und auf einem Gitter völlig erkalten lassen.

3. Pilzmus mit Brühe und Gewürzen zum Kochen bringen und etwa 2 Std. leicht köcheln lassen.

4. Sieb mit Mulltuch auslegen. Suppe durchseihen. Rückstände im Tuch kräftig auspressen. Die Essenz

mit Sherry abschmecken. Die Pesto-Herzen in den Brotkörbchen aus Servietten dazu servieren.

Zubereitungszeit: ca. 14 Std. davon
Arbeitszeit: ca. 30 Min.
Pro Portion ca. 256 kcal, 0,7 BE

WILDSCHWEIN-BRATEN

- 0,33 (0,5) l Malzbier
- ½ unbehandelte Orange
- 1 (großes) Lorbeerblatt
- 1-2 (2) Nelken
- 2-3 (4) Pimentkörner
- 750 g (1 kg) Wildschweinbraten oder -rollbraten
- 1 kleine (dicke) gewürfelte Zwiebel
- Salz, Pfeffer
- 1 (1-2) TL Honig
- 50 (75) g Brotaufstrich aus Rahm
- Außerdem: Bratschlauch

1. Aus Malzbier, der in Scheiben geschnittenen Orange, Lorbeer, Nelken und Pimentkörnern eine Beize herstellen. Das Fleisch für einen Tag darin einlegen.

2. Den Backofen auf 180 Grad vorheizen. Fleisch aus der Beize heben, abtupfen, rundherum mit Salz und Pfeffer würzen.

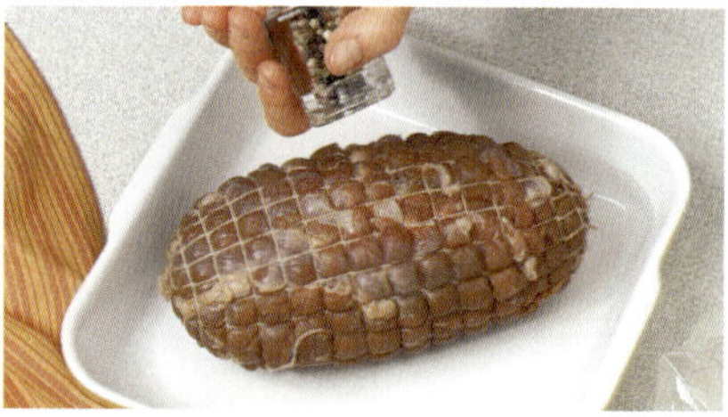

3. Braten in den Bratschlauch geben und die Zwiebel rundherum legen. Schlauch nach Packungsvorschrift schließen, oben einstechen. Auf das kalte Rost legen und in den heißen Ofen (Umluft 160 Grad) schieben. 45 Min. braten.

4. Bratensaft ablassen, Schlauch öffnen, Ofen auf 200 Grad hochschalten. Den Braten mit einer Mischung aus 2 EL Beize und Honig bestreichen, weitere 15 Min. garen.

5. In dieser Zeit den Bratensaft in der Pfanne etwas einkochen lassen, mit Rahm-Brotaufstrich und Gewürzen abschmecken.

Zubereitungszeit: ca. 1 $^1/_2$ Std.
plus 1 Tag zum BeizenPro Portion ca. 264 kcal, 0,5 BE

Rotkraut

1 (dicker) säuerlicher Apfel
1 kleine (normal große) Zwiebel
1 (großes) Lorbeerblatt
2 (3) Gewürznelken
750 g (1 kg) gehobelter Rotkohl
1 (1-2) EL Pflanzencreme
200 (250) ml Gemüsebrühe
1-2 TL (1 EL) Obstessig
10 (15) g Reis
Salz, Pfeffer, 1 Prise Zucker

1. Apfel waschen, Kerngehäuse entfernen, klein schneiden. Zwiebel mit Lorbeerblatt und Nelken spicken.

2. Rotkohl und Apfel in heißem Fett andünsten. Zwiebel kurz mitdünsten. Mit Gemüsebrühe, Essig, Reis, Salz, Zucker und Pfeffer 45 Min. dünsten. Zwiebel entfernen und das Kraut abschmecken.

Zubereitungszeit: ca. 1 Std
Pro Portion ca. 145 kcal, 0,6 BE

Klösschen süsssauer

1 (1 $^1/_2$) Packung Kartoffelklöße halb und halb für 4 Portionen
$^1/_2$ (1 gestr.) TL getr. Majoran
6-8 (9-12) Trockenpflaumen
1 (dicke) fein gewürfelte Zwiebel
1 (1-2) TL Öl, 1 (1-2) EL Weinessig

1. Kloßmehl anrühren, Majoran zugeben und quellen lassen.

2. Zwiebeln im Öl andünsten, gehackte Pflaumen zugeben, mit Essig ablöschen.

3. 12-16 Klößchen formen, in die Mitte etwas Pflaumenmasse drücken. In siedendem Salzwasser offen ziehen lassen, bis sie oben schwimmen.

Zubereitungszeit: ca. 1 Std.
Pro Portion ca. 149 kcal, 2,5 BE

Fruchtige Weincreme

2 (3) Eier
2 (3) gehäufte EL Zucker
150 (200) ml lieblicher Weißwein
50 (75) ml weißer Traubensaft
$^{1}/_{2}$ (1) TL Zitronenschale
1 $1^{1}/_{2}$ (2 $^{1}/_{2}$) Blatt weiße Gelatine
2 (3) kleine weiche Butterbirnen
1-2 (1) TL Zitronensaft
150 (250) g kl. (blaue) Trauben
50 (75) ml süße Sahne
1 (1-2) TL Vanillezucker

1. Eier und Zucker hellgelb schlagen. Dann nach und nach Wein, Saft und

die Zitronenschale zugeben. Gelatine kalt einweichen.

2. Eiskaltes Wasserbad vorbereiten. Wein-Eiermasse auf dem Herd unter ständigem Rühren bis kurz vor den Siedepunkt erhitzen. Einmal aufwallen lassen, dann vom Herd ziehen, ins kalte Wasserbad stellen und weiterschlagen.

3. Gelatine tropfnass zugeben. Creme weiterschlagen, bis die Gelatine

gelöst und die Creme kühler geworden ist. Kalt stellen.

4. Birnen waschen, schälen, vierteln, Kerngehäuse entfernen. Die Viertel quer in dünne Segmente schneiden, mit Zitronensaft beträufeln. Trauben waschen, von den Stielchen zupfen, größere Beeren halbieren.

5. Sahne mit Vanillezucker steif schlagen. Beginnt die Creme zu gelieren, Obst und Sahne unterziehen. Über Nacht fest werden lassen.

Zubereitungszeit: ca. 30 Min. plus Kühlzeit über Nacht
Pro Portion ca. 272 kcal, 1,4 BE

TIPP

Diabetiker verwenden besser trockenen Weißwein. Ersetzen Sie den Zucker durch flüssigen Süßstoff. Den feinen Vanillegeschmack erreichen Sie mit Vanillepulver (Naturkostladen).

Leicht und festlich

Dieses Menü macht etwas mehr Arbeit als die meisten vorherigen. Aber trotzdem können auch Anfänger die Rezepte leicht bewältigen, denn Röllchen und Charlotte lassen sich in Ruhe am Vortag zubereiten. Das Menü ist ungewöhnlich festlich und dabei ausgesprochen fettarm. Ein vollmundiger französischer Weißwein passt zu Fisch und Geflügel.

Marinierte Heilbutt-Röllchen mit Kräuter-Avocado-Mousse

•

Putenbrust in Salzkruste, Morchelrahmsauce, Gemüseplatte mit kleinen Kartoffeln

•

Orangen-Charlotte

Einkaufszettel

- 2 (3) Heilbuttfilets (à ca. 150 g)
- 700 g (1 kg) Putenbrust
- 2 kleine (große) Zwiebeln
- ca. 8 (10) eingelegte Weinblätter (Spezialitäten-Abtl.)
- 10 (15) g getrocknete Morcheln
- 1 (große) Schalotte
- 500 (750) g kleine, fest kochende Kartoffeln
- 250 (400) g Rosenkohl
- 250 (400) g Brokkoli
- 2 (3) Lauchstangen
- 200 (250) g Cocktail-Tomaten
- 1 (große) Avocado
- 1 (dicke) unbehandelte Zitrone
- 4 Orangen
- 2 EL Sonnenblumenkerne
- 2 (3) EL Sauerrahm 10 % Fett
- 200 (225) ml Schlagsahne
- 400 g Magerquark
- 1 Pck. Schoko Dessert-Dekor
- ca. 500 (600) g Steinsalz
- je 2 Bund Dill und Petersilie
- gehackte Pistazien
- 1 großer Bratbeutel
- trockener Wermut, Cognac
- Orangenlikör
- Tischwein: Rully Blanc aus Burgund von Joseph Drouhin

Zeitplan

1 Woche vorher
Getränke und Dauerwaren nach Liste einkaufen.

Am Vortag
Restliche Einkäufe machen.
Getränke kalt stellen.
Tisch decken.
Morcheln über Nacht einweichen.

Am Morgen
Heilbuttröllchen zubereiten.
Dessert-Creme zubereiten und kühl stellen.

2 Std. vorher
Putenbrust in Salzkruste garen.
Avocadocreme zubereiten und luftdicht abgedeckt kühl stellen.

1 Std. vorher
Morchelrahmsauce fertig stellen.
Kartoffeln waschen und garen.
Brokkoli und Rosenkohl vorbereiten und abdecken.
Lauch waschen und dünsten.
Zwiebel würfeln.

Während die Gäste da sind
Brokkoli und Rosenkohl garen.
Charlotte garnieren und bis zum Servieren kühl stellen.
Vorspeise, Gemüseplatte anrichten.
Kartoffeln mit Petersilie mischen.

FESTLICHER TISCHSCHMUCK

Die Tischdekoration ist denkbar einfach herzustellen, kostet allerdings etwas Zeit, weil die Goldfarbe nach dem Aufsprühen gut trocknen sollte. Ein Grund mehr, die Dekoration schon einige Tage vor der Einladung herzustellen. Dafür haben Sie in der gesamten Advents- und Weihnachtszeit einen schönen Tischschmuck mit toller Wirkung.

Sie brauchen: 8 (12) Muscheln, einige Nüsse (Haselnüse, Walnüsse, Mandeln gemischt), Tannenzapfen, Goldfarbe zum Sprühen, dünnen goldenen Draht, goldenes und blaues Geschenkband und/oder Kordel, 1 großen goldenen Teller, blaue Stumpenkerzen in unterschiedlichen Höhen, 1 große, blaue Christbaumkugel (oder mehrere kleine Kugeln), 4 (6) Stoffservietten.

1. Muscheln, Nüsse und Tannenzapfen rundherum mit der Goldfarbe einsprühen und trocknen lassen. (Arbeitsunterlage mit Papier oder Karton abdecken!)

2. An der spitzen Seite der Muscheln jeweils ein kleines Loch bohren.

3. Mit dem Draht je 2 Muschelhälften zusammenbinden. Servietten der Länge nach einrollen und zwischen den Muscheln einklemmen.

4. Kerzen, Christbaumkugel, Geschenkbänder, Kordeln, vergoldete Nüsse und Tannenzapfen auf dem Teller dekorativ arrangieren. Wer mag, kann das Geschenkband oder die Kordel locker über die Tafel auslaufen lassen.

TIPP

Wenn Sie keine Muscheln besorgen können, können Sie ersatzweise die Schalen von sehr großen Walnüssen verwenden.

Marinierte Heilbuttröllchen auf Avocado-Mousse

1 (dicke) unbehandelte Zitrone
1 kleine (große) Zwiebel
2 (3) cl trockener Wermut
1 kleines (normales) Lorbeerblatt
Salz, weißer Pfeffer
2 (3) Heilbuttfilets (à ca. 150 g)
je 2 Bund Dill und Petersilie
200 (250) g Cocktail-Tomaten
1 (große) Avocado
2 (3) EL Sauerrahm 10 % Fett

1. Die Zitrone auspressen. Die Zwiebel schälen und grob zerkleinern. In einem kleinen flachen Topf die Hälfte Zitronensaft mit Zwiebel, Wermut, Lorbeer und einem Fingerbreit Wasser aufkochen, 5 Min. köcheln lassen.

2. Heilbuttfilets waschen, trockentupfen und längs in 2-3 cm breite Streifen schneiden. Jedes Fischstück zum Röllchen zusammenrollen. Die

Fischröllchen vorsichtig dicht nebeneinander in den Topf setzen und bei milder Hitze 8 Min. garziehen lassen, dabei den Deckel auflegen. Die Fischröllchen im Sud kalt werden lassen.

3. Die Kräuter waschen, Blättchen abzupfen, einige zur Deko beiseite legen. 2 EL Petersilie für die Gemüseplatte beiseite legen. Tomaten waschen, je nach Größe halbieren oder vierteln, die Stielansätze wegschneiden. Avocado halbieren, den Kern entfernen und das Fruchtfleisch mit einem Löffel herausheben. Sofort mit dem übrigen Zitronensaft beträufeln und mit den Kräutern pürieren. Mit Sauerrahm verrühren, mit Salz und Pfeffer abschmecken.

4. Auf jedem Teller etwas Avocado-Mousse verteilen, die Röllchen darauf verteilen. Restliches Avocado-

mousse oben auf die Röllchen setzen. Die Teller mit Tomaten und Kräutern garnieren.

Zubereitungszeit: ca. 25 Min. plus Kühlzeit
Pro Portion ca. 224 kcal, 0 BE

Putenbrust in Salzkruste, Morchelrahmsauce

10 (15) g getrocknete Morcheln
1 (1-2) EL Sojasauce
1 (1-2) TL Honig
1 TL Paprikapulver, edelsüß
700 g (1 kg) Putenbrust
ca. 8 (10) eingelegte Weinblätter
ca. 500 (600) g Steinsalz
1 großer Bratbeutel
1 (große) gewürfelte Schalotte
20 (30) g Margarine
2 (3) cl Cognac
1/2 (3/4) l Gemüsefond (Fertigprodukt)
1 (gehäufter) TL Speisestärke
100 (125) ml Schlagsahne
Salz, weißer Pfeffer

1. Morcheln in 250 (375) ml Wasser ca. 8 Std. einweichen. Pilze säubern. Einweichwasser Filtern.

2. Backofen vorheizen. Putenbrust mit Sojasauce und Honig einstreichen. Weinblätter abwaschen, trockentupfen und um die Putenbrust legen.

3. In den Bratbeutel Salz geben. Fleisch aufs Salz setzen, mit übrigem Salz bedecken. Beutel verschließen.

Bei 220 Grad (Umluft 200 Grad) 1 Std. garen. Im abgestellten Ofen 15 Min. ruhen lassen.

4. Schalotte in Margarine glasig dünsten. Morcheln zugeben, kurz mitdünsten. Einweichwasser, Cognac und Fond angießen, bei starker Hitze etwas reduzieren. Pilze nach 10 Min. herausnehmen, warm stellen.

5. Die Sauce sieben oder pürieren. Die Hälfte Sahne zugeben und die Sauce wieder aufkochen. Die Stärke in 3-4 EL Wasser anrühren, in die kochende Sauce rühren. Übrige Sahne steif schlagen.

6. Die Morcheln samt Sud zufügen und die Sahne unterziehen, nochmals erhitzen.

7. Putenbrust aus dem Salzbett heben, in Scheiben schneiden.

Zubereitungszeit: ca. 45 Min.
Eiweichdauer: ca. 8 Std.
Garzeit: ca. 1 $\frac{1}{4}$ Std.
Pro Portion ca. 363 kcal, 0,8 BE

Gemüseplatte mit kleinen Kartoffeln

500 (750) g kleine, fest kochende Kartoffeln, Salz
250 (400) g Rosenkohl, Muskat
250 (400) g Brokkoli
1 gewürfelte Zwiebel
4-5 (5-6) TL Öl
2 (3) Lauchstangen
2 EL Sonnenblumenkerne
1 kl. Glas Weißwein
1-2 EL fein gehackte Petersilie

1. Salzkartoffeln kochen, Rosenkohl waschen, putzen, kreuzweise einschneiden. In wenig Wasser mit Salz und Muskat bei mittlerer Hitze in ca. 7-12 Min. garen. Abgießen und ausdampfen lassen.

2. Brokkoli waschen, Röschen abtrennen, Stiele würfelig schneiden. Zwiebel schälen und fein würfeln. 1 TL Öl erhitzen, Stiele und die Hälfte Zwiebel anbraten, Röschen zugeben und etwa 5 Min. dünsten.

3. Lauch putzen, seitlich aufschneiden, unter fließend Wasser gründlich waschen, in 2 cm dicke Abschnitte teilen. In 2 TL Öl anbraten, Wein zugeben, salzen und pfeffern, etwa 15 Min. dünsten.

4. Restliches Fett mit den Sonnenblumenkernen erhitzen, restliche Zwiebel darin rösten, Rosenkohl darin schwenken. Kartoffeln mit der Petersilie mischen. Alles auf einer Platte anrichten.

Zubereitungszeit: ca. 1 Std.
Pro Portion ca. 239 kcal,1,6 BE

Orangen-Charlotte

Zutaten für 6 Portionen:

4 Orangen

2 cl Orangenlikör

3 Blatt weiße Gelatine

400 g Magerquark

50 g Zucker

100 ml Schlagsahne

1 EL Vanillezucker

1 Pck. Schoko Dessert-Dekor

gehackte Pistazien

1. Orangen mit einem Messer einschließlich der weißen Haut schälen. In fingerdicke Scheiben schneiden. Austretenden Saft auffangen. Früchte in Likör marinieren.

2. Gelatine einweichen. Quark mit Zucker glatt rühren. Sorbetschüssel (Inhalt ca. 1 l) erst mit Frischhalte-

folie, dann mit Orangenscheiben auslegen. 3 Scheiben für die Dekoration halbieren. Die übrigen in Stückchen teilen und unter die Creme heben.

3. Gelatine tropfnass bei kleiner Hitze auflösen, mit dem aufgefangenen Saft verrühren. Unter die Creme rühren, kalt stellen. Creme in die Schüssel einfüllen. Für mind. 3 Std. kalt stellen.

4. Die geschlagene Sahne unterheben, wenn die Creme beginnt zu gelieren. Charlotte stürzen. Kuppel mit Schokodekor und Sahne garnieren. Orangenscheiben außen um die

Charlotte legen. Evtl. mit gehackten Pistazien bestreuen.

Zubereitungszeit: ca. 45 Min.
plus mind. 3 Std. Kühlzeit
Pro Portion ca. 278 kcal, 1,4 BE

TIPP

Diabetiker verwenden statt Orangenlikör Kirschwasser und statt Zucker flüssigen Süßstoff. Verfeinern Sie die Nachspeise mit Vanillepulver, dekorieren Sie mit geraspelter Diabetikerschokolade.

Noch mehr Menü-Ideen

In diesem Buch finden Sie 12 komplette Menüs. Aus den einzelnen Menükomponenten lassen sich aber noch beliebig viele andere Menüs zusammenstellen. Hier noch mehr Vorschläge für jede Gelegenheit.

Schnelles Menü I

Gemüse-Carpaccio	113
Lachs auf Gurkengemüse mit Wildreistürmchen	34
Erdbeer-Joghurt-Creme	66

Schnelles-Menü II

Wildkräutersalat mit Käse-Crostini	43
Mariniertes Schweinefilet auf Paprika	104
Gefüllte Grapefruit mit Sahnehaube	36

Gut vorzubereiten

Seelachs-Rucola-Mousse	103
Wildschweinbraten	124
Beeren-Cassata	76

Für erfahrene Köche

Seelachs-Rucola-Mousse	103
Kräuter-Poularde	44
Orangen-Charlotte	136

Für 2 Personen (Rezepte einfach zu halbieren) I

Gebeizte Eismeer-Garnelen	23
Kalbs-Kräuterröllchen	114
Salzkartoffeln	
Tomatensalat mit Minze	95
Tarteletts mit Früchten der Saison	86

Für 2 Personen II

Wildkräutersalat mit Käse-Crostini	43
Hähnchenbrust auf Edelpilzkäse und Lauch	25
Gefüllte Grapefruit mit Sahnehaube	36

Menü für 8-10 Personen I

Spargel-Quiche (1 Quiche)	63
Hähnchenschenkel (2-mal das Rezept ohne Kartoffeln, evtl. plus 2 Hähnchenschenkel)	84
Ratatouille (2 $^1/_2$-mal das Rezept)	85
Salzkartoffeln	
Erdbeer-Joghurt-Creme (2-mal das Rezept, Creme mit 4 Blatt Gelatine binden, alles in eine Kastenform schichten. fest werden lassen, stürzen und in Scheiben schneiden)	66

Menü für 8-10 Personen II

Pilzessenz mit Pesto-Herzen (2-mal das Rezept)	123
Roastbeef mit Möhrenkruste (2-mal das Rezept)	64
Wildreis (2-mal, nicht als Türmchen)	35
Wildkräutersalat (2-mal, ohne Crostini, die Hälfte Kräuter durch Eisbergsalat ersetzen)	43

Weitere Menüs

Gemüsig-Fruchtig

Gemüse-Carpaccio	113
Kräuterpoularde	44
Rotkraut	125
Kartoffelknödel (normal nach Packungsanleitung zubereitet)	
Sommer-Tarteletts	86

Grünes Menü

Spargel-Quiche	63
Kabeljau im Kräutermantel	74
Grillgemüse	75
Clafoutis (mit grünen statt blauen Trauben, Kiwi statt Apfel, Pistazien statt Nüssen)	116

Ohne Alkohol

Mariniertes Gemüse	93
Roastbeef mit Möhrenkruste	65
Sommer-Tarteletts	86

Vegetarisch leicht

Fruchtiger Portulak-Salat (statt Schinken Parmesan)	83
Spargel-Quiche	63
Beeren-Cassata	76

Ohne Fisch

Gemüse-Carpaccio	113
Hähnchenbrust mit Edelpilzkäse auf Lauchgemüse	25
Petersilienkartoffeln	
Erdbeer-Joghurt-Creme	66

Für Diabetiker besonders geeignet

Mariniertes Gemüse	93
mit Käse-Crostini	42
Lachs auf Gurkengemüse	34
Salzkartoffeln	
Erdbeer-Joghurt-Creme (Quark mit flüssigem Süßstoff süßen)	66

Cholesterinarm

Gemüse-Carpaccio	113
Hähnchenschenkel à la Provence	84
Knusperkartoffeln	84
Rote-Grütze-Türmchen	26

Glutenfreies Menü

Seelachs-Rucola-Mousse	103
Kalbs-Kräuterröllchen	114
Portulak-Salat (ohne Melone und Schinken)	83
Salzkartoffeln	
Gefüllte Grapefruit	36

Ohne Milchprodukte I

Mariniertes Gemüse	93
Roastbeef mit Möhrenkruste	65
Knusperkartoffeln	84
Tomatensalat mit Minze	95
Gefüllte Grapefruit (ohne Sahnehaube)	36

Ohne Milchprodukte II

Spaghetti mit Tomatensugo	73
Hähnchenschenkel à la Provence	84
Bouillonkartoffeln	55
Sommertarteletts (ohne Creme,Obst mit Aprikosenmarmelade glasieren; statt Vanille-Eis Fruchtsorbet)	86

Französisches Menü

Spargel-Quiche	63
Hähnchenschenkel à la Provence	84
Ratatouille mit Baguette	85
Clafoutis	116

Rezept-Register

Vorspeisen und kleine Gerichte

Hauptgerichte

Beilagen und Saucen

Desserts und süßes Gebäck

FÜR DIABETIKER

Damit auch Diabetiker mitessen können, haben wir bei allen Rezepten die BE ausgerechnet. Sind Sie den Umgang damit nicht so gewöhnt, können Sie auch auf Kohlenhydrate umrechnen. 1 BE = 12 g Kohlenhydrate. Wer auf KHE (Kohlenhydrateinheiten) umrechnen will: 1 KHE = 10 g Kohlenhydrate. Bei den süßen Desserts finden Sie im Tippkasten die Information, wie die Nachspeise für Diabetiker zuzubereiten ist. Dabei ersetzen wir den Zucker durch Süßstoff bzw. Fruchtzucker. Das mindert den Geschmack nicht, spart zusätzlich Kalorien und wird vom Rest der Tafelrunde sicher überhaupt nicht bemerkt. Achten Sie beim Wein und Sekt auf trockene Gewächse, dann brauchen Sie ihn nicht zu berechnen.

Impressum

Die Autorin

Dagmar Freifrau von Cramm hat Ökotrophologie studiert und arbeitet seit 1984 als Food-Journalistin. Sie ist verheiratet, hat drei Kinder und führt ein offenes Haus. Dazu gehört natürlich auch Bewirtung von Gästen. In der Versuchsküche testet und verbessert Ursula Block, Diätassistentin und Ökotrophologin, alle Rezepte. Sie kochte auch für alle Fotos in diesem Buch.

Der Fotograf

Peter Nielsen isst und trinkt für sein Leben gerne. Foodfotografie ist deshalb neben digitaler Fototechnik eines seiner Steckenpferde. In seinem Studio wird er unterstützt von Wolfgang Koch.

Die Stylistin

Katrin Baschin ist gelernte Köchin und hat sich auf die dekorative Seite von Tisch und Tafel konzentriert. Sie arbeitet als Food-Stylistin und entwickelt Dekorationsideen für Haus und Garten, die sie auch in Büchern veröffentlicht.

Dieses Buch entstand aus der Serie „Menü-Kochschule" in der Zeitschrift „Rezepte mit Pfiff". Kooperationspartner waren außerdem, Melitta, Neubacher's Ringpress, Schlumberger, Schwartau, Union Deutscher Lebensmittelwerke und Villeroy & Boch. Diesen Firmen sagen wir herzlichen Dank.

Einbandgestaltung:
Berres, Stenzel und Werner, Freiburg
Layout und Satz:
Berres, Stenzel und Werner, Freiburg
Lithoarbeiten:
Kaltner Media GmbH, Bobingen
Druck und Bindung:
Franz Spiegel Buch GmbH, Ulm

Gedruckt auf chlorfrei gebleichtem Papier

Printed in Germany

ISBN 3-89604-290-4